何を書けばいいか
わからない人のための

うまく　はやく
書ける

How to write sentences quickly and well

文章術

山口拓朗
Takuro Yamaguchi

日本実業出版社

はじめに

▶ **悩みその1：何を書けばいいかわからない**
▶ **悩みその2：文章がうまく書けない**

　私のところにもち込まれる文章の悩みで、とりわけ多いのがこの2つです。

　日報や企画書、取引先とのメールといった「ビジネス文書」だけでなく、LINE、Facebook、ブログ、ウェブサイトなど、私たちが文章を書く機会は、10年、15年前と比べて激増しました。

　Facebookやブログ、TwitterなどのSNS（ソーシャル・ネットワーキング・システム）を筆頭に、インターネット上には便利なサービスがたくさんあります。一個人が、世界に向けて情報を発信できる。そんな夢のような時代に私たちは生きています。

　しかし、いくらSNSが便利でも、あるいは、どれほど夢のような時代でも、文章を書くのは人間です。
　残念ながら、コンピュータやアプリやロボットが「何を書けばいいのか」までは教えてはくれません。私たちの代わりに「うまい文章」を書いてくれることもありません。

　そこで、冒頭に挙げた2つの悩みが出てくるわけです。この2つの悩みの解決策を提示し、なおかつ、実践の文章作成で使えるレベルへとあなたを導くことが本書の役割です。

本書で強調しているキーワードが2つあります。それは「アンテナ張り」と「読者への貢献」です。

• **アンテナを張って情報収集をする**
• **読者への貢献を意識して文章を書く**

この2つを自分のものにできれば、おのずと、2つの悩みは解消へ向かいます。

第1章では、効率よく情報収集を行なうための「アンテナの張り方」について、第2、第3章では、「あっち情報（周辺情報）」と「こっち情報（自分情報）」に分けて、情報収集のやり方をお伝えします。

第4章では「書く前の準備」について解説します。準備の仕方が変わるだけで、文章の完成度が大きく変わります。

第5章以降では、文章の書き方のノウハウを取り上げます。

とくに、第5章で紹介する「文章フォーマット」は、文章の構成が苦手な人のための特効薬です。使いこなせば、書くスピードも飛躍的にアップするでしょう。

さらに、第6章では、SNSで使える文章術をレクチャー。書き方だけではなく、書き手としてのマインドも変化するはずです。

最後の第7章では、文章の完成度を高める推敲と修正方法を公開します。正しい文法にも言及していますので、文章の基本を学びたい方は、どうぞ最後までお見逃しなく。

この本で紹介するノウハウとメソッドをフルに活用すれば、「何

を書けばいいかわからない」、あるいは「文章がうまく書けない」という2つの悩みから間違いなく解放されるでしょう。

それどころか、文章を書くことが楽しくなり、読者によろこばれたり、お礼を言われたりする機会も増えるでしょう。

あなたがビジネスで文章を書いているなら、周囲の人から信頼や好意を寄せられやすくなるほか、仕事の目的や目標を達成するスピードも加速するでしょう。

また、あなたが、SNSで何かしらの情報を発信しているなら、あなたが発信する情報に興味・関心をもつ人が現れて、書けば書くほど、あなたのファンが増えていくでしょう。

さらには、他人とコミュニケーションを図るためのメールの文章にも磨きがかかって、人生に追い風が吹くはずです。

▶ **悩みその1：何を書けばいいかわからない**
▶ **悩みその2：文章がうまく書けない**

2つの悩みから抜け出したときの景色は最高です。あなたにその景色を見てもらいたくて、私は本書を執筆しました。

安心してください。プロとして20年間、文章を書き続けてきた私が、懇切丁寧にあなたをナビゲートします。ゴール地点の絶景はもちろん、道中の景色もお楽しみください。

2016年4月

著者　山口拓朗

CONTENTS...

何を書けばいいかわからない人のための
「うまく」「はやく」書ける文章術

はじめに 1

第1章

文章の良し悪しは「情報整理」で決まる！

01 「うまい文章」ってどんな文章？ 12
02 読む人に貢献する 14
03 文章作成は「書く」だけじゃない？ 16
04 文章のネタがみるみる吸い寄せられる
「アンテナ情報収集法」 18
05 視覚化すると「アンテナ感度」が増す 24
06 文章作成は「疑問」からはじまる 29
07 メモが「書けないあなた」を助ける 32
08 書く前に、口でうまく説明しよう 37
09 情報は2種類
「あっち情報」と「こっち情報」 39

第 2 章

STEP ❶ 素材集め
「あっち情報」を集める

10 「現場」で一次情報を収集する …………… *42*

11 「人」から話を聞く …………… *46*

12 「本」で情報を収集する …………… *50*

13 「新聞」で情報を収集する …………… *54*

14 「雑誌」で情報を収集する …………… *55*

15 「インターネット」で情報を収集する …………… *56*

16 「個人発信の一次情報」の扱い方 …………… *63*

17 「テレビ」で情報を収集する …………… *65*

18 その他の情報収集メディアを使う …………… *66*

19 情報収集は「大局」から「局所」へ …………… *67*

20 情報シャワーには「防御シールド」を張る …………… *70*

第3章

STEP ❷ 素材集め
「こっち情報」を集める

21 「自分の体験」を棚卸しする ……… 74
22 「自分の感情・考え」を棚卸しする ……… 77
23 深掘りツール① なぜ？ ……… 82
24 オプションパーツ「そもそも」でさらに深掘りする ……… 85
25 深掘りツール② どうやって？ ……… 87
26 「自分探しの文章」を書く ……… 89
27 情報は「もつ」より「使う」が重要 ……… 92

第4章

STEP ❸　うまい文章への最短ルート！
レバレッジを最大化する「見取り図」ワーク

- 28 「書く前の準備」に力を入れる ………… *98*
- 29 準備① **読者ターゲットを明確にする** ………… *101*
- 30 準備② **読者ターゲットのニーズを把握する** ………… *106*
- 31 準備③ **文章の目的を明確にする** ………… *110*
- 32 準備④ **読者の反応を決める** ………… *113*
- 33 準備⑤ **メッセージをひとつにしぼる** ………… *116*
- 34 準備⑥ **文章の切り口を工夫する** ………… *121*
- 35 準備⑦ **文章のレベルを決める** ………… *123*
- 36 準備⑧ **文章のテイストを決める** ………… *124*

第 5 章

STEP ❹
文章あてはめフォーマット術

---

37 「どう書けばいい？」がなくなる
　文章フォーマット活用術 ………… 126

38 結論優先フォーマット ………… 128

39 物語フォーマット ………… 132

40 列挙フォーマット ………… 139

41 主張フォーマット ………… 143

42 SNS 紹介・宣伝フォーマット ………… 147

43 もうひとつの文章フォーマット活用 ………… 152

44 長文を作成するときは目次を作る ………… 155

第6章

〈番外編〉
SNSで使える文章術

---

45 「貢献文章」で愛読を勝ち取る ………… *158*

46 自分の言葉で書く ………… *160*

47 正しいことを書こうとしない ………… *164*

48 全員に好かれようとしない ………… *166*

49 勇気をもって断言する ………… *168*

50 五感を書く ………… *170*

51 「たとえ」を使う ………… *174*

52 オノマトペを使う ………… *179*

53 モノローグを挿入する ………… *181*

54 会話文を挿入する ………… *183*

55 「エモーション×ロジック」で読む人の心を動かす ………… *185*

56 自問自答しながら書く ………… *188*

57 タイトルに力を注ぐ ………… *191*

58 ウェブサイトやブログでは、
　　検索キーワードも意識する ………… *193*

第7章

STEP ❺
完成度をカクダンに高める「磨き上げの技術」

- 59 情熱で書いて、冷静で直す …… 196
- 60 冷静で直すポイント①
  「文章ダイエット」でスリムになる …… 199
- 61 冷静で直すポイント②
  強制的に文量を削る …… 203
- 62 冷静で直すポイント③
  一文一義を意識する …… 206
- 63 冷静で直すポイント④
  副詞を乱発しない …… 207
- 64 冷静で直すポイント⑤
  修飾関係を適正化する …… 208
- 65 冷静で直すポイント⑥
  読点(テン)を正しく打つ …… 211
- 66 冷静で直すポイント⑦
  語尾に変化をつける …… 213
- 67 冷静で直すポイント⑧
  漢字とひらがなの割合は３：７ …… 215
- 68 冷静で直すポイント⑨
  読みやすい見た目にする …… 217
- 69 「読み手の意識」を手に入れる４つのコツ …… 220

おわりに …… 222

カバーデザイン／井上新八
イラスト／坂木浩子
本文デザイン／ムーブ(新田由起子、徳永裕美)

第1章

文章の良し悪しは「情報整理」で決まる！

01 「うまい文章」ってどんな文章?

🌱 うまい文章＝目的を達成できる文章

「うまい文章」と、「うまい書き方」とは違います。

「論理的に書かれている」「美しい日本語で書かれている」「表現力豊かに書かれている」——だから、うまい文章である、ということにはなりません。本書では、**「うまい文章」とは、「目的を達成できる文章」**だと定義します。

たとえば、自社のお客さん宛に歳末大感謝祭セールの案内ハガキを書くAさんと、自分のブログに「速読のノウハウ」を書くBさん。ふたりが書く文章の目的は何でしょうか?

▶ Aさんが案内ハガキを書く目的
お客さんにセールに来てもらい、その場で商品を購入してもらう
▶ Bさんが速読のノウハウを書く目的
ブログ読者に速読のノウハウを体得してもらう

案内ハガキを読んだ瞬間に、お客さんが「なんてお得なセールなんだ。これは絶対に行かないと!」と興奮する。

ブログを読んだ読者が「速読なんてムリだと思っていたけど、この方法なら私にもできるかも!」とやる気を出す。

このような反応が得られれば、おそらく、最終的な目的（商品の購入／速読の体得）も達成できるでしょう。

逆にいえば、報告書を読んだお客さんが、「なんだか冴えないセールだなあ」と思ったり、ブログの読者が「なんだか速読って難しそう……」と感じたりした場合、その文章は「うまい文章」とはいえません。文章の目的を達成できていないからです。

少しくらい言葉が稚拙でも、相手の目玉にハートマークを作らせることができれば、それは「うまいラブレター」なのです。

言葉遣いが多少おかしくても、読者が「タメになった」「おもしろかった」「感動した」と思ってくれれば、それは「うまいブログ記事」なのです。誤解されないように書くスキルは必要ですが、美しい日本語やカッコいい表現を追究する必要はありません。

「書くべき情報」をどんどん集める

「うまい文章＝目的を達成できる文章」を書くための考え方とノウハウをお伝えするのが、本書の役割です。

「何を書けばいいかわからない」人たちは、なおのこと「うまい文章」を目指す必要があります。なぜなら、「目的を達成する」という意識をもつだけで「書くべき情報」が手元に集まりやすくなるからです。

さて、あなたも、改めて自分に問いかけてみてください。「私が今この文章を書く目的は何だろうか？」と。その「問い」に答えを出すことが、「うまい文章」を書くための第一歩になります。

POINT
今までに出合った「うまい」文章を思い出してみてください。その文章には明確な「目的」が隠れていたはずです。

第1章 ▼ 文章の良し悪しは「情報整理」で決まる！

02 読む人に貢献する

🌱 この本でこれだけは覚えてほしいこと

では、「うまい文章」、すなわち「目的を達成できる文章」を書くにはどうすればいいのでしょうか？

ズバリ**「読む人に貢献すること」**です。

もしも、本書に書かれているノウハウの9割以上を忘れてしまったとしても、このことだけを覚えていれば（そして、実践してもらえば）、あなたが本書を読んだ価値はあります。

「寒いので温度を少し下げてもえますか？」と言われたら、すぐにクーラーを弱める飲食店の店員のように。
「もう少し毛先を軽くできますか？」と言われたら、毛先にササっとシャギーバサミを入れる美容師のように。
「東京駅まで行きたいのですが、どういうルートで行けばいいですか？」と聞かれたら、親身に説明してあげる地下鉄職員のように。
——書く人は、読む人に貢献しなければなりません。
つまり、何事にも優先して、お客さん（＝読者）のために尽くさなければいけないのです。

そう、**文章作成は、「サービス業」**なのです。

🌱「読む人」の側からスタートする

　間違いなく言えるのは、**文章は「書く人」のためにあるのではなく、「読む人」のためにある**、ということです。

　「何を書けばいいかわからない」という悩みをもっている人は、実は、考え方が自分勝手なのかもしれません。
　「どうすれば、もっと美しい文章が書けるだろう？」などと崇高なことを考えているのかもしれません。
　あるいは「人によく思われたい」「人からカッコよく見られたい」などとヨコシマなことを考えているのかもしれません。

　いずれも「自分」のことしか考えていません。
　書き手が意識すべきは、「どうすれば読む人に貢献できるだろうか？」という一点に尽きます。その意識が欠けていると、「何を書けばいいかわからない」という迷路に迷い込んでしまいます。

　すべての文章作成は「読者」、つまりは「読む人」の側からスタートします。この原則は本書にも貫かれています。「何を書けばいいかわからない」「うまい文章の書き方がわからない」と悩んでいる人がいるから、私は、今こうして文章を書いているのです。

POINT

「書く人のためにある」といえる文章は、他人に読まれることを前提としない日記くらいです。「読む人」のことを意識できるようになるだけで、文章は格段にうまくなります。

03　文章作成は「書く」だけじゃない？

書く作業は、実は全体の2割

いきなりですが、あなたは、ラグビーを知らない人に向けて、ラグビーの魅力を文章でわかりやすく説明できますか？

ラグビーの試合を一度も観たことのない人や、ラグビーについて調べたことのない人にとっては、なかなか難しい課題ではないでしょうか。

それでも、「どうしても説明しなさい」と言われたら、どうすればいいでしょうか？　調べて情報を集めるしかありません。

とはいえ、少し調べたくらいでは「わかりやすく人に説明できるレベル」には達しないでしょう。ラグビーを知らない人にラグビーの魅力をわかりやすく説明するには、ざっと以下のようなプロセスを踏む必要があります。

①ラグビーについて調べる
②実際にラグビーの試合を観る
③ラグビーの魅力を実感する（理解する）
④ラグビーを知らない人の気持ちを察する
⑤その人たちが理解できるように、わかりやすい文章を作る

ここで注目したいのが、①〜⑤のうち実際に書く作業の割合です。

そう、書く作業は⑤だけなのです。均等割すると全体の20％。つまり、全体の80％（①〜④）は、書く前のアクションなのです。

🌱 情報収集力を高めよう

したがって、書き方のスキルだけを磨こうとすると、遅かれはやかれ頭打ちになります。全体の20％（⑤）だけ強化しても、飛躍的な文章力アップが見込めないからです。

▶ **情報を収集する力（①、②）**
▶ **情報を理解する力（③）**
▶ **読む人の気持ちを察する力（④）**

書き方のスキルと平行して、これらの能力にも磨きをかけることが、文章力アップの秘訣です。

本書での序盤（第1章〜第4章）では、とくに書く前に行なう作業——「情報収集の方法」や「書く前の準備方法」について——わかりやすく紹介していきます。

情報収集能力が高まるにつれて、「何を書いていいかわからない」という悩みが消えていき、なおかつ「うまい文章」を書く地力がついていきます。

POINT

人に文章を伝えるためのプロセスのうち、文章を「書く」は2割にすぎません。この本では、ほかの8割について重点的に説明していきます。

第1章 ▼ 文章の良し悪しは「情報整理」で決まる！

04 文章のネタがみるみる吸い寄せられる「アンテナ情報収集法」

意識のアンテナを張るとここまで変わる

「何を書けばいいかわからない」という人の多くが、情報収集のアンテナを張っていません。だから、文章作成に使える素材が手元にそろわないのです。

一方で、**文章を書くことが得意な人は、ふだんから上手にアンテナを張って、文章作成に必要な情報をどんどん吸い寄せています。**彼らが、書くネタに困ることはありません。

女性は妊娠すると、急に自分の周りに赤ちゃんが増えた、と思うらしいです。「世の中にはこんなにたくさんの赤ちゃんがいたのか」と。"赤ちゃん"だけではありません。世の中には、たくさんの産婦人科があり、たくさんのベビー用品店があり……という具合に、"赤ちゃん"に関連する情報も次々と吸い寄せられるといいます。

なぜ、このような変化が起きるかというと、妊娠したことで、急に"赤ちゃん"というテーマの「情報収集アンテナ」が張られるからです。

▶【妊娠前】情報収集アンテナが張られていない
　"赤ちゃん"情報にほとんど気づかない
▶【妊娠後】情報収集アンテナが張られる
　"赤ちゃん"情報が次々と吸い寄せられる

第1章 ▼文章の良し悪しは「情報整理」で決まる！

　別の例を挙げましょう。もしもあなたが、夜になって突然、「今日1日であなたが感動したことを書きなさい」と言われたとしたら、困ってしまうでしょう。「えっ、感動って言われても……」と。

　しかし、その日の朝に、あらかじめ「今夜、『今日1日で感動したこと』を書いてもらいます」と言われていたとしたらどうでしょう？

　「娘が珍しくお弁当を作ってくれた」「満員電車内でお年寄りに席を譲っている若者がいた」「コンビニで宅配便を出すときに、アルバイトの店員さんが荷物の梱包を手伝ってくれた」「夕陽がきれいだった」など、たくさんのネタが集まるはずです。

🌱 自分のなかに「問い」をもつ

　両者の違いはアンテナの有無です。

　感動を収集するアンテナが張られていなかった前者に対して、後者は、1日中アンテナが張られていたことになります。

　能動的に張るアンテナは、気づきをもたらす「問い」ともいえます。「問い」をもつことで、人の情報収集感度は高まるのです。

▶① 「笑えるエピソード」を書きたい場合

　「笑えるエピソードは転がっていないかな？」とアンテナを張る

　　　　　⬇

　笑えるエピソードが集まる

▶② 「スポーツ選手のメンタル」について書きたい場合

　「スポーツ選手のメンタルに関する情報はないかな？」とアンテ

ナを張る

⬇

スポーツ選手のメンタルに関する情報が集まる

▶③「不動産投資」について書きたい場合
「不動産投資に関する情報はないかな？」とアンテナを張る

⬇

不動産投資に関する情報が集まる

▶④「大学受験」について書きたい場合
「大学受験に関する情報はないかな？」とアンテナを張る

⬇

大学受験に関する情報が集まる

具体的に書きたいことがある場合

　書きたいテーマが具体的に決まっているときは、アンテナの張り方もより具体的にします。

▶①「笑える失敗エピソード（自虐ネタ）」を書きたい場合
「笑える失敗エピソード（自虐ネタ）はないかな？」とアンテナを張る

⬇

笑える失敗エピソード（自虐ネタ）が集まる

▶②「錦織選手の強いメンタル」について書きたい場合

「錦織選手のメンタルはなぜ強いのかな？」とアンテナを張る

⬇

錦織選手のメンタルに関する情報が集まる

▶③「地方のお買い得中古アパート物件」について書きたい場合

「地方のお買い得中古アパート物件に関する情報はないかな？」とアンテナを張る

⬇

地方のお買い得中古アパート物件の情報が集まる

▶④「宇宙科学を学べる大学の受験」について書きたい場合

「宇宙科学が学べる大学の受験に関する情報はないかな？」とアンテナを張る

⬇

宇宙科学を学べる大学の受験に関する情報が集まる

🌱 アンテナの正体とは？

アンテナを張っているとき、私たちのなかでいったい何が起きているのでしょうか？　アンテナの正体に迫ってみましょう。

アンテナ効果①：気づく"目"ができる

たとえば、「笑える失敗エピソード（自虐）はないかな？」とアンテナを張っていれば、メガネをかけていることに気づかずに顔を洗ってしまったときに、「これはネタになる！」と気づくはずです。

一方、アンテナを張っていなければ、この出来事が笑い話として

のポテンシャルを秘めていることに気づかないでしょう。1分後には、その出来事自体を忘れてしまっているかもしれません。

　お笑い芸人たちの軽妙なトークを聞きながら「よくもまあ、おもしろいエピソードが次から次へと出てくるものだ」と感心することがあります。

　しかし、彼らは、たまたまおもしろいエピソードに遭遇しているわけではありません。日頃から「おもしろいエピソード」にアンテナを張っているおかげで、「おもしろいエピソード」（一般人が見逃しているネタ）に"気づく"ことができるのです。

　仮にあなたが、「簡単にできるお金の節約方法」というアンテナを張っていれば、「お金」「消費」「家計」「貯金」などの情報に目ざとくなり、有益な情報をつかみやすくなります。

　ある芸能人がテレビで「うちのヨメさんが、変わったタンス貯金をしていまして〜」と発言しているのを耳にした瞬間に、「これは文章のネタになる」と気づくでしょう。

　何気なく手にした新聞のコラムのなかに「スマホ節約術」という文字を見つけるでしょう（そして、読むでしょう）。

　このように、**アンテナが張られると、必要な情報に気づく"目"ができます**。一見すると無関係に思える事柄からも、必要な情報を拾ってこられるところが「アンテナ張り」の真骨頂です。

　ある特定のテーマで断続的に文章作成をしている人であれば、「ネタづまり」を起こさないためにも、そのテーマでアンテナを張り続けておくことが大切です。

アンテナ効果②：行動が変わる

　アンテナを張ったその瞬間から、行動が変わります。情報収集に対する貪欲さが生まれるからです。

　「錦織選手のメンタルはなぜ強いのか？」というアンテナを張っている人であれば、おのずとインターネットの検索窓に「錦織圭　逆境」「錦織　メンタル　強い」と打ち込む、という行動を取るようになります。

　あるいは、わざわざ「錦織選手の試合」をテレビで観て、彼の一挙手一投足をチェックするかもしれません。

　周りにいるテニス好きの仲間に「錦織選手のメンタルはなぜ強いの？」と質問したり、積極的に書店に足を運んで、錦織選手について書かれた本や雑誌を探したりもするでしょう。

　冗談ではなく、（錦織選手とは無関係な）「錦織医院」という看板があっても、思わず目を向けてしまうはずです。

認知的不協和とは？

　「問い」をもちながらも、「答え」がない状態は、心理学でいうところの「認知的不協和」です。

　「認知的不協和」とは、人が自分のなかで相容れない認知を同時に抱えた状態のこと。通常、人はこの不快感を解消するために、自分の態度や行動を変えるといいます。

　つまり、アンテナを張るという作業は、答えを得るために、あえて認知的不協和を作り出すアクションともいえるのです。

05 視覚化すると「アンテナ感度」が増す

🌱 ノートに「頭のもやもや」を書き出そう

　頭のなかで「問い」を作るだけでもアンテナは張れますが、万全とはいえません。なぜなら、**頭で考えたことは「もや」にすぎない**からです。変化したり、消えたり、ウソをついたり……頭の「もや」は実にとらえどころがなく不確かな存在です。

　したがって、アンテナを張るときは、ノートに「問い」を書き出すなどして、頭の「もや」を視覚化する必要があります。

　一例を挙げましょう。仮に、表参道にある美容室「ZERO」の店長がブログを書く場合、どんな記事を書けばいいでしょうか？

　まずは下記のような表を用意して、①〜⑧の空欄にブログのカテゴリーを棚卸しします（書き出します）。カテゴリーとは、記事を内容別に仕分けるための大枠のことです。

表1-1 ①〜⑧の空欄にブログのカテゴリーを棚卸し（記入前）

①	②	③
④	表参道の美容室「ZERO」の店長	⑤
⑥	⑦	⑧

①〜⑧を棚卸しした時点で「情報収集アンテナ」が張られます。

「5つしか出ません……」という人も、視点を工夫するなどして、最低でも8つは棚卸ししましょう。

「それでも出ません」という人は、周囲の人から知恵や助言をもらいましょう。他人の頭脳を借りることも情報収集の一環です。何も恥ずかしがることはありません。

表1-2は、表1-1の①〜⑧を棚卸しした状態です。

表1-2 ①〜⑧の空欄にブログのカテゴリーを棚卸し（記入後）

①美容室「ZERO」の特徴	②美容師の紹介	③お客様の声
④ヘアスタイル＆ヘアアレンジカタログ	表参道の美容室「ZERO」の店長	⑤自宅でできるセルフヘアケア
⑥髪のお悩みQ&A	⑦髪のトリビア	⑧表参道の魅力発信

たとえば、「髪のトリビア（⑦）」というアンテナを張っておけば、日常生活のなかで（あるいは調べるなどの行動を通じて）、「現在、世界最長の髪をもつ人は中国の女性（約6ｍ）である」「平安時代、洗髪は年に1度だけだった？」など、髪のトリビアネタがどんどん集まってきます。

また、「髪のお悩みQ&A（⑥）」というアンテナを張っておけば、

「白髪染めを使わずに、白髪を目立たなくする方法はありますか？」
など、お客さんから受けた「悩み相談」をネタに記事が書けます。

　前述したように、アンテナを張るとは「これはネタになる」と気
づく"目"を作ることなのです。

🌱 朝から晩まで情報（ネタ）が吸い寄せられてくる

　先ほどは①〜⑧の棚卸しをしましたが、8個のカテゴリーでは足
りないときは、10個、15個と棚おろしして構いません。

　また、表1-2で棚卸ししたカテゴリーから、さらに細かく棚卸し
しても OK です。以下の表1-3は、表1-2「自宅でできるセルフケ
ア（⑤）」を使って、さらに細かく棚卸しした状態です。

表1-3 表 1-2 の⑤を使ってさらに細かく棚卸し

① シャンプーやコンディショナー、トリートメントの選び方と使い方	② ヘアカラーと白髪染めの選び方と使い方	③ ドライヤーの使い方
④ 頭皮の乾燥を防ぐ方法	**自宅でできるセルフケア**	⑤ 髪を元気にする頭皮マッサージの方法
⑥ 髪を元気にする食生活	⑦ ヘアワックスで髪のダメージを防ぐ方法	⑧ 髪にツヤと潤いを出す方法

　表1-2で棚おろしした8個から、さらに、それぞれの項目で8個

ずつ棚卸ししできれば、最大で8×8＝64個のアンテナが張られることになります。

最初に棚卸しした8個はブログのカテゴリー（記事の収納先）で、次に棚卸しした64個は、それぞれ記事のネタになります。

もちろん、64個のなかには、さらに細かく記事を分けられるものもあるでしょう。たとえば、「ドライヤーの使い方（表1-3の③）」の項目で棚卸しをする、という具合です。

仮に、64個の項目をそれぞれ棚卸しできたとしたら、最大で64×8＝512の記事ネタができます。つまり、500個以上のアンテナが張られるのです。これだけのアンテナがあれば、朝から晩まで、とめどなく情報（ネタ）が吸い寄せられてくるでしょう

表1-4 情報が吸い寄せられてくる状態

①	②	③
美容室「ZERO」の特徴	美容師の紹介	お客様の声
④ ヘアスタイル＆ヘアアレンジカタログ	**表参道の美容室「ZERO」の店長**	自宅でできるセルフヘアケア
⑥ 髪のお悩みQ&A	⑦ 髪のトリビア	表参道の魅力発信

①	②	③
	ドライヤーの使い方	
④	⑤	
⑥	⑦	⑧

① シャンプーやコンディショナー、トリートメントの使い方	② ヘアカラーと白髪染めの選び方と使い方	③ ドライヤーの使い方
④ 頭皮の乾燥を防ぐ方法	**自宅でできるセルフヘアケア**	⑤ 髪を元気にする頭皮マッサージの方法
⑥ 髪を元気にする食生活	⑦ ヘアワックスで髪のダメージを防ぐ方法	⑧ 髪にツヤと潤いを出す方法

第1章 ▼ 文章の良し悪しは「情報整理」で決まる！

もちろん、500個の棚卸しは、さすがに極端です。はじめは8個のカテゴリーと、40個程度の記事ネタが棚卸しできれば及第点です。

🌱 棚卸しのメリットはほかにもある

　カテゴリーや記事ネタを棚卸しする（書き出す）メリットは、それによって「アンテナが張られること」だけではありません。

　棚卸しの作業は、実はそれ自体が、思考の「整理→再構築」の役割も果たすのです。なぜなら、「書くこと＝考えること」だからです。

　それまで「何を書けばいいかわからい」と頭を抱えていた人でも、棚卸しをしていくうちに、頭のなかの「もや」が少しずつ晴れていき、気づいたら「自分の考えがまとまっていた」というケースが珍しくありません。

　すると、今度は「書けそう！」「書きたい！」という気持ちが芽生えます。書けずに苦しんでいる人にとっては、この変化を味わえるだけでも"値千金"ではないでしょうか。

06 文章作成は「疑問」からはじまる

🌱 自分のなかにどんどん「疑問」を増やそう

「何を書けばいいかわからない」

その悩みの元凶は、もしかすると、あなた自身のなかに「疑問」の量が少ないことにあるかもしれません。

①なぜ、このお蕎麦屋さんは流行っているのかな？【疑問】
②お蕎麦屋さんを観察する／話を聞く／実食する……等々【調べる】
③なるほど、だから、このお蕎麦屋さんは流行っているのか！【理解】
④みんなにも教えてあげよう！【文章作成】

多かれ少なかれ、文章作成には①〜④のような流れがあります。「疑問をもち（①）→調べ（②）→理解して（③）→書く（④）」というプロセスです。文章作成の原点にあるのは、まさしく「疑問」なのです。つまり、「なぜ？（Why）」です。

「空はどうして青いの？」
「だし巻き卵をおいしく作るにはどうしたらいいの？」
「なぜ人は貧乏ゆすりをするの？」
「マリッジブルーを解消するにはどうしたらいいの？」
「部下にやる気を起こさせるにはどうしたらいい？」
「日本の年金は破綻しないの？」

このように、あらゆる文章は「疑問」とセットになっているのです。そもそも、文章作成とは、「読む人の疑問に答えていく作業」ともいえます。書き手は、読む人の代わりに疑問をもち、なおかつ、その答えを見つけていく……その作業の賜物が、読む人によろこばれる「貢献の文章」なのです。

疑問を掘り下げるほど深い知識がそろってくる

もしも「疑問」がなければ、人は、進んで調べようとも、進んで理解しようとも思わないかもしれません。そうなれば、当然、文章作成がはかどることはありません。「何を書けばいいかわからない」と頭を抱えてしまう人もいるでしょう。

もちろん、ジャーナリストや作家でもない限り、すべての事象に「疑問」をもつ必要はありません。

ただし、もしもあなたに、現在、書いている文章があるなら、あるいは、今後、書く予定の文章があるなら、少なくとも、そのテーマの範疇では「疑問」をもっていなければいけません。

もうお気づきだと思いますが、**「疑問」をもった瞬間から、「情報収集アンテナ」が張られます**。10個の「疑問」をもてば、10個のアンテナ、100個の「疑問」をもてば、100個のアンテナが自動的に張られるのです。何一つ「疑問」をもたずにいるケースとの違いは容易に想像がつくでしょう。

情報をより深く掘り下げたいときは（詳しく情報収集したいとき

は)、「疑問→理解」のあとで、さらに疑問をぶつけていきます。「蕎麦粉と割粉の割合はどれくらいかな?」「どのような蕎麦の打ち方をしているのかな?」という具合です。深い質問をすればするほど、その分、深い(詳しい)知識が手元にそろいます。

POINT

「疑問」という言葉が嫌なら、「興味」や「関心」と言い換えてもOKです。あなたのなかに「興味」や「関心」の量が増えれば、おのずと吸い寄せられる情報量が増えて、文章作成がしやすくなるはずです。

07 メモが「書けないあなた」を助ける

🌱 メモを習慣化する

「何を書けばいいかわからない」という悩みをもつ人にお勧めしたいのが「メモの習慣」です。「うまい文章」を書いている人ほどメモという武器を上手に使っています。

以下4つが、おもな「メモの効果」です。

メモの効果①：記憶効果
メモの効果②：情報生み出し効果
メモの効果③：気づき効果
メモの効果④：アイデア効果

それぞれの効果について詳しく見ていきましょう。

メモの効果①：記憶効果

人間の脳は、すべての出来事や情報を記憶してくれる万能装置ではありません。ときには「さっき言われたことが思い出せない」ということもあります。

"忘れるリスク"の回避方法として有効なのがメモです。**メモは、言うなれば「脳の外付けのハードディスク」のようなもの**。したがって、メモしたことは、無理して覚えておく必要はありません。

たとえば、1か月前に読んだ本の感想を書くとします。本を読ん

だときに感想をメモしていた場合と、メモしていなかった場合では、どちらが書きやすいでしょうか。答えは言わずもがなです。メモしていなければ、どんな本だったかも思い出せないかもしれません。

なお、メモには、思わぬご褒美もあります。それは、文字を書くことによって「記憶に残りやすくなる」ということ。"忘れるリスク"を回避するための行為にも関わらず、結果的には、記憶に強く刻まれるのです。少し変則的な"一石二鳥"といえます。

メモの効果②：情報生み出し効果

情報とは「ある」ものではなく「生み出す」ものです。とくに頭のなかにある思考は、書き出す（メモする）ことで、はじめて情報として認識できる状態になります。書き出さなければ、単なる「もや」にすぎません。まだ存在していない状態です。

たとえば、あなたが映画を観て感動したとします。しかし、その感動を言語化しなければ、それは、やはり「もや」のままなのです。

自分でもその感動の正体を把握できておらず（感動したと思い込んでいるだけの可能性もあります）、それゆえ、他人と共有することもできません。

「メモをする」とは、曖昧模糊とした「もや」に形を与えること**にほかなりません**。「もや」に形を与えることによって、情報として認識することができ、また、他人との共有が可能になるのです。

メモの効果③：気づき効果

書き出して（メモして）情報を生み出した先には、何かしらの"気づき"が待っています。

たとえば、好きなマンガを書き出すとします。『20世紀少年』『デスノート』『ONE OUTS』『BLOODY MONDAY』などのタイトルを書いていくうちに、「あっ、俺はサスペンスフルな心理戦が好きなのか」と気づくようなことがあります。これが「気づきの効果」です。

　メモによって頭のなかの「もや」に形を与えると、それらの情報を見比べやすくなります。その結果、「もや」の状態では決して見えなかったものが見えてくるのです。

　また、ひとつの"気づき"から、新たな"気づき"が得られることも少なくありません。「マンガがそうなら、映画はどうだろう？」と考えて、「そういえば『セブン』が好きだから……やっぱりサスペンスフルな心理戦が好きなんだ！」と気づくようなケースです。

　さらには、「そうか、俺自身の人生にサスペンスフルな心理戦が欠けているから、マンガや映画といった創作物で満たそうとしていたのか！」という具合に、重要な結論にたどり着くこともあります。

　ここまでくると、もうメモが、やめられなくなります。それどころか、メモを活用して、より多くの"気づき"を得たいと思うようになります。**人間にとって"気づき"は思考のカンフル剤のようなもの。**メモによって、人の思考は無限に広がっていくのです。

メモの効果④：アイデア効果

　メモは、ときにアイデアを生み出す"着火剤"となります。

　たとえば、書店に行って「最近、健康志向の本が多く発売されている」と気づいたら、そのことをノートにメモしておきます。

数週間後、仕事で、ある飲食店のコンサルティングをしたときに、クライアントから「新メニューの開発」に関して意見を求められたとします。このときも、詳細をメモしておきます。

後日、ペラペラとノートをめくって、自分が書いたメモを読み返していたところ、まったく無関係な２つのメモに目が留まります。

「健康になるための本が多い？　飲食店の新メニュー開発？　あっ！　健康をコンセプトにしたメニューを開発したらどうだろう？　薬膳×和食は？　有機野菜×洋食は？　無添加や無着色の『無』にこだわっても、おもしろいかもしれないぞ」

このように、**視覚化した複数のメモ（情報）を見比べることで、大小さまざまなアイデアが生まれやすくなります。**アイデアは「異なる要素の組み合わせである」とよくいわれますが、この組み合わせの実現にメモが役立つのです。

もちろん、こうしたアイデアは、そのまま「文章のネタ」としても使えます。つまり、メモからさまざまな着想を得て、オリジナリティに富んだ文章のテーマや切り口を見つけることができるのです。

①印象深い出来事や、自分の感想・気づきなどを積極的にメモする
②メモを眺めながら、無関係な情報同士を見比べる（共通点や相違点を探したり、情報同士を結びつけたりする）

①→②をくり返す習慣が身につくと、アイデアが湧き出して止まらなくなる人もいます。また、その効果と反比例して、「何を書けばいいかわからない」という悩みが軽減されていきます。つまり、文章のネタづまりから解放されるのです。

メモのススメ

　これまでに私は、仕事で、芸能人からスポーツ選手、経営者、ビジネスパーソンまで2400人以上に取材・インタビューをしてきましたが、成功している人ほど「メモ魔」であると感じています。

　私自身の体験と併せても、メモを取る効果は、文章作成という枠を超えて、その人の仕事や人生に好影響をもたらすと断言します。

　あなたも「メモの習慣」を身につけて、人生を変えてみませんか？

POINT

野球のイチロー選手の打席への入り方や、ラグビーの五郎丸選手のキック前のポーズなど、スポーツの世界でも「習慣（ルーティン）」が重要視されています。メモも「たまにする」のではなく、「無意識にしている」くらいの状態になれば理想です。習慣化が進むほど４つの効果（記憶／情報生み出し／気づき／アイデア）が得られやすくなります。

08 書く前に、口でうまく説明しよう

🌱 話すことで頭の「もや」が明確になる

あなたは、あなたがもっている情報を、口で人に説明することができますか？

「うまく説明できる」という人は、きっとその情報を文章にすることができるはずです。一方で、「うまく説明できない」という人は、もしかすると、文章にすることはできないかもしれません。

▶ **口でうまく説明できる ➡ 文章にできる**
▶ **口でうまく説明できない ➡ 文章にできない**

「書く」も「話す」も、同じ「思考のアウトプット」です。したがって、文章を書くのが苦手な人は、書く前に一度、書く内容を人に話してみましょう。情報を理解・整理するトレーニングになるほか、文章作成する際の下書き代わりにもなります。

▶ **新規事業の企画書 ➡ 企画書の内容（企画概要、企画コンセプト、企画の実施方法など）を人に話す**

▶ **UVケア用のハンドクリームのブログ記事 ➡ 人に記事の内容（ハンドクリームの特徴、成分、効果、体験談など）を話す**

▶ラザニアのグルメリポートを書く ➡ リポート内容（味、ボリューム、食感、満足度など）を人に話す

　話しながら、散らかっていた情報が整理されて、自分の考えがまとまることも珍しくありません。そうなると、いざ文章を書くときに「何を書こう？」「どう書こう？」と悩むことがなくなります。

　もちろん、説明するからには、相手に理解してもらう必要があります。もしも、説明しているときに、相手から「それって、どういう意味？」「○○って何？」という疑問や質問をもらったときは、それらにも丁寧に答えていきます。疑問や質問は、相手に理解してもらえていない部分です。そこを放置したまま文章を書いても、残念ながら「伝わる文章」にはなりません。

　なお、どうしても書くことが苦手という人で、「話すのは得意」という人は、スマホなどに装備されている音声入力機能（音声アシスト機能「Siri」など）を利用しましょう。人によってはキーボード入力やフリック入力よりも効率よく文章を作成できるはずです。

　入力した音声を文章化するときには編集作業が必要となりますが、コツさえつかめば、徐々に文章作成のスピードと精度が上がっていくはずです。私の知り合いの著者さんにも、本を丸々1冊、音声入力で書き上げている人がいます。

POINT

特定の分野の文章を書いている人であれば、日ごろから「口でうまく説明する」エクササイズに取り組みましょう。情報の「整理→理解」がすすみ、専門性も強化されます。

09 情報は2種類
「あっち情報」と「こっち情報」

🌱 内と外の情報を使い分ける

　世の中の情報には、大きく2種類があります。ひとつは、自分以外のところ（周辺）にある情報で、もうひとつは、自分のなかにある情報です。本書では、自分以外のところにある情報を「あっち情報」、自分のなかにある情報を「こっち情報」と呼びます。

> あっち情報：自分以外のところにある情報（周辺情報）
> こっち情報：自分のなかにある情報（自分情報）

　たとえば、アメリカについての文章を書くとします。その場合にも「あっち情報」と「こっち情報」があります。

> **アメリカの「あっち」情報**
> 地理／国土の広さ／人口／自然／気候／人種／民族／国民性／首都／政治／大統領／経済／歴史／文化／宗教／軍事／言語／工業／農業／交通／教育／福祉／芸術／スポーツ／エンターテイメント／科学技術／世界遺産……などなど
>
> **アメリカの「こっち」情報**
> アメリカ旅行時の体験／アメリカに対する印象／アメリカに対する意見・考え／アメリカに対して抱いている感情／アメリカの好きな

点・嫌いな点／アメリカ人との交流体験……などなど

通常、情報というと「客観的な事実」、つまり「あっち情報」を指します。事実、アメリカの「あっち情報」がそろっていれば、それらをネタに文章を書くことができます（以下は一例）。

アメリカ、通称「米国」は、50の州および連邦区からなる連邦共和国である。約3億2000万人の人口は世界第3位。建国以来、一貫して移民を受け入れてきたアメリカには、多様な民族と多様な文化が混在する。

一方、アメリカの「こっち情報」でしか紡げない文章もあります。

どこまでも続くハイウェイと荒野。アメリカに対するイメージは、はじめて渡米した10年前から変わっていない。感情をストレートに表すアメリカ人の気質は、実は自分に合っている気がする。

🌱 自由自在に情報を取り出す

文章作成の目的にもよりますが、**「あっち情報」と「こっち情報」は、どちらか一方ではなく、両方をそろえておくことが大事です。**

「あっち情報」だけでは、自分の考えや意見を書くことができませんし、「こっち情報」だけでは、雲をつかむような主観のアピール（別称：自己満足）で終わってしまう恐れがあります。

理想は、「あっち情報」と「こっち情報」の両者を懐に忍ばせておき、いつでも好きな情報を取り出せる状態にしておくことです。

第 2 章

STEP ❶ 素材集め
「あっち情報」を集める

10 「現場」で一次情報を収集する

🌱 現場で有益な情報を集める

「あっち情報」を収集するときに、まず目を向けるべきは「現場」です。どこが現場になるかは、文章のテーマによります。

▶「健康」をテーマに文章を書いている医薬品会社社員
　現場 ➡ 医療現場／医療関係のイベント／一般消費者との交流の場など

▶「介護」をテーマに文章を書いている介護士
　現場 ➡ ホームケア先／老人ホーム

▶「カメラの撮り方」をテーマに文章を書いているカメラマン
　現場 ➡ 撮影フィールド／撮影スタジオ

▶「神社・仏閣」をテーマに文章を書いている神社・仏閣ファン
　現場 ➡ 日本全国の神社・仏閣

「一次情報」を収集できる。これが、書き手自身が現場に足を運ぶ最大のメリットです。

一次情報とは、「加工や編集をしていない情報」のこと。関係者から直接聞いた話を含め、現場で見聞きした情報は、高い鮮度と正

確性を備えています。現場は有益な一次情報の宝庫なのです。

一方、「二次情報」とは、引用や伝聞、あるいは、加工・編集をした情報です。新聞や雑誌などの情報の多くも二次情報になります。

二次情報は、収集しやすい反面、「情報の鮮度が古いかもしれない」「情報が正確でないかもしれない」「情報が改編されているかもしれない」などのリスクがあります。

なぜ、プロの記者やライターが「うまい文章」を書けるかというと、一次情報の収集に力を入れているからです。

逆にいえば、**一次情報の集め方がうまくなるだけで、文章作成の"腕"は格段に上がります**。もちろん、「何を書けばいいかわからない」という悩みも薄まります。

プロのマネをしろとは言いませんが、頭の片隅に「現場＝ネタの宝庫である」という意識を置いておくだけでも、拾える一次情報の量と質がアップします（これも一種のアンテナ理論です）。

仮に、ハワイ旅行を検討している人向けのブログを書いているとします。雑誌やテレビ、インターネットなどから拾ってきた二次情報の焼き直しでは、読者に（さほど）よろこんでもらえません。

読者によろこんでもらうには、あなた自身がハワイで拾った一次情報で読者に貢献するのがベターです。どんな二次情報も、書き手が「現場」で拾ったフレッシュな一次情報にはかないません。

🌱 センサーをはたらかせる

さて、現場で情報収集するときに活躍するのが、あなたの五感

（センサー）です。五感とは、人間が備える代表的な感覚のことで、視覚、聴覚、嗅覚、味覚、触覚の５つがあります。これらを駆使することで、文章を書くために必要な情報が集まりやすくなります。

▶①視覚

五感のうち圧倒的に情報量が多いのが視覚です。場所、色、動き、様子、状態、表情、絵、写真、文字などの情報を集めます。

〈例：ハンバーガー店で拾える情報〉

お店の広さ、混雑ぶり、インテリア（○○調）、照明の明るさ・雰囲気、客層、スタッフの様子（接客を含む）、ハンバーガーの見た目、食器のセンス、メニュー表の内容、会計システム……など、気になった点や、魅力的な点、おもしろかった点、他店とは異なる点など。

▶②聴覚

耳でとらえる情報です。声、自然界にある音（風、波、小鳥のさえずりなど）、会話、雑音、音楽（BGMなど）、音色、音量、生活音（例：ドアを開け閉めするときの音）などを集めます。

〈例：ハンバーガー店で拾える情報〉

店内のにぎわい、BGM（曲名、音量など）、店員との会話など。

▶③嗅覚

鼻でとらえる情報です。いい「匂い」から、悪い「臭い」まで、あらゆるニオイのなかから、印象に残ったものをメモします。

〈例：ハンバーガー店で拾える情報〉

店内のニオイ（お香のニオイ、木製家具のニオイ、観葉植物のニオイなど）、ハンバーガーの匂いやコーヒーの香りなど。

▶④味覚

　舌でとらえる情報です。味の情報（甘い、辛い、酸っぱい、苦い、渋いなど）に加え、触感（ザラザラ、ふわふわ、サクサクなど）や温度、噛みごたえ、のど越しなども情報の対象になります。

〈例：ハンバーガー店で拾える情報〉
　食べ物であるハンバーガーの場合、味覚情報がとくに重要です。あとで具体的に書けるよう、個人的な感想を含め、味、触感、熱さ、噛みごたえなども、細かくメモしておきます。

▶⑤触覚

　皮膚、および、からだの一部（または全部）でとらえる情報です。素材の質感、温度、湿度など。ほかにも、痛い、かゆい、くすぐったい、気持ちいいなどの感覚も重要な情報源になります。

〈例：ハンバーガー店で拾える情報〉
　店内の雰囲気（温度、湿度、居心地）、イスの座り心地など。

　もっとも、現場での一次情報は、むやみやたらに拾えばいいというものではありません。あらかじめ文章の目的やテーマが決まっているときは、優先順位の高い情報から拾っていきます。

　一方、（この状況はできる限り避けるべきですが）文章の目的やテーマが決まっていない場合は、質の高い一次情報を取りこぼさないよう、少し間口に余裕をもたせて情報収集します。

POINT

現場で情報を集めるときは、メモが貴重な証拠＆記憶装置になります。あとで「なんだっけ？　忘れちゃった……」とならないよう注意しましょう。

11　「人」から話を聞く

🌱 その人しかもっていない情報がある

現場では積極的に当事者や関係者から話を聞きましょう。なぜなら、世の中には人しかもっていない（言語化されていない）情報が山ほどあるからです。人から聞いた情報は、貴重な一次情報です。

◉ 誰に聞くか？

「誰に聞くか」はとても重要です。そもそも情報をもっていない人に話を聞いても意味がありません。

たとえば、現場が製造工場だった場合、工場全体の情報は工場長に聞くのがよさそうですが、製造ラインの詳細であれば、ラインのリーダーに聞いたほうが有益な情報が拾えそうです。

適材適所。**一次情報を拾うときには、自分がほしい情報をもっているのが誰なのかを、事前に確認しておく必要があります。**ほしい情報が明確なときは、「生産数の推移については、どなたにお聞きするのがよろしいですか？」などと率直にたずねてみましょう。

◉ 何を聞くか？

「何を聞くか」は、「何を書くか」によって変化します。たとえば、文章のテーマが「分譲マンションの選び方」なのか、「分譲住宅（戸建て）の買い方」なのかで、質問内容は大きく変わります。

話を聞く作業は、常に「仮説→検証」のくり返しです。あらかじめ文章のテーマ内で、＜□□は△△ではないだろうか？＞という仮説を立てたうえで質問します。仮説通りであればOKですし、仮説と違えば、「なぜ○○なのでしょうか？」「いつ○○をしたのでしょうか？」という具合に、いわゆる「5W3H」（49ページ参照）を使って、アドリブで掘り下げていきます。

　難しいのは、話を聞くときに、文章のテーマが決まっていないときです。この場合は、少し大きめの質問から入り、返答内容を吟味。"ここぞ（＝テーマになりそう）"という情報が出てきたら、しぼり込んだ質問をぶつけて、ポイントを掘り下げていきます。

●話を聞くコツ①：興味をもつ

　興味をもって話を聞く。これ以上のコミュニケーションスキルはありません。興味さえあれば、「うんうん」「へー」「なるほど」といった相づちも増え、表情も笑顔になりやすいものです。

　人の話を聞くときは、何はさておき相手に「居心地がいい」と感じてもらうことが大切です。こちらの相づちや笑顔を見て、相手が「この人はしっかりと話を聞いてくれるから居心地がいい」と感じてくれれば、口も滑らかになるはずです。

●話を聞くコツ②：テンポと声量を相手に合わせる

　話のテンポと声量には個人差があります。**話を聞くときには、「自分の」ではなく、「相手の」テンポと声量に合わせましょう。**

　ゆっくり話す人であれば、こちらの話し方や相づちもゆっくりと。声量が大きな人であれば、こちらも、少し声を張り上げる。テンポ

と声量を合わせるだけで、相手が「話しやすい」と感じます。

◉意識の底に沈んでいる情報を引き出す

　有益な情報を得るためには、ときに、相手の無意識下に沈んでいる情報を浮き上がらせる「攻めの質問」も必要となります。

　お肌がきれいな人に「どうしてお肌がきれいなのですか？」という質問すると、「なぜって……よくわかりません」などと返されることがあります。本人がその理由を把握していないようなときです。
　こういう場合は、「どんなふうに洗顔やクレンジングをしていますか？」という具合に、相手が打ち返しやすそうなボールを投げます。すると、「そういえば、私は顔をゴシゴシこすりません」というように、有益な情報を含んだ返答をもらいやすくなります。

　「攻めの質問」で求められるのも「仮説」です。「本人は気づいていないかもしれないけど、おそらく○○ではないだろうか？」という仮説を立てたうえで質問するのです。かゆいところに手が届くような質問をすると、相手から「気づかせてくれてありがとう」と感謝されることもあります。

◉関係者に確認を取る

　自分が扱う情報に疑問が芽生えたときは、どうすればいいでしょうか？　「待てよ。この情報は、本当に正しいのか？」と感じたときです。最善策は、信頼できる関係者に確認を取ることです。

▶ **スマホの使い方情報** ➡ **身近にいるスマホの達人に確認を取る**

▶ **英会話のノウハウ情報 ➡ 英会話上級者に確認を取る**
▶ **Ｂ級グルメの情報 ➡ Ｂ級グルメに精通している人に確認を取る**

　英会話の情報でも、ほしいのが「英会話の留学情報」であれば、英会話上級ではなく、英語留学に詳しい人に確認を取るべきです。求める内容に応じて、確認を取るにふさわしい相手を選びましょう。

◉ **ホットラインを築く**

　特定の分野の文章を書いている人は、有益な一次情報をもっている人との関係性を、できるだけ強化しておきましょう。**その道の専門家や達眼の士らと「ホットライン」を築いておくのです。**

　ブログで音楽情報を発信している人であれば、「J-POPならＡさんに聞く」「ジャズならＢさんに聞く」「ハードロックならＣさんに聞く」「音楽の歴史ならＤさんに聞く」という具合に、テーマに応じて気軽に質問できるパイプができていればOKです。

　人脈（生きた情報網）を有効に活用する能力も、文章作成能力の一部です。"情報ホルダー"や"優秀なブレーン"と上手につながれている人は、「うまい文章」を書く環境をもっている人です。

POINT

「5W3H」とは、物事を正確に伝える際に用いるツールです。
■ When（いつ／期限・時期・日程・時間）　■ Where（どこで／場所・行き先）　■ Who（誰が／担当・分担）　■ What（何を／目的・目標）　■ Why（なぜ／理由・根拠）　■ How（どのように／方法・手段）　■ How many（どのくらい／数量）　■ How much（いくら／費用）

12　「本」で情報を収集する

🌱 本から効果的に情報を得る

本(書籍)は、情報収集源として、極めて有効です。しかし、本からの情報を上手に活用できていない人や、そもそも読んだ内容を忘れてしまうような人も多いと感じます。本から情報を得るための方法を紹介します。

●情報収集源として有効な理由①　正確性や信憑性に優れている

本には著者がいます(多くの場合、著者名が記されています)。

また、ほぼすべての本は企業(出版社)を経由して世に送り出されます。つまり、著者や出版社が責任を負う形で、本の品質が担保されているのです。「有料」の裏には「重たい責任」があるのです。

匿名の無料情報が氾濫するインターネット情報に比べて、正確性や信憑性が高いのはそのためです。

また、本の場合、著者が数十年かけて培った知見やノウハウが凝縮されているケースがほとんどです。"情報の濃さ"という点において、本のメリットは計りしれません。

●情報収集源として有効な理由②　まとまった情報を手にできる

情報が断片的に散らばるインターネット上と違って、**本の場合、特定のテーマについて、包括的かつ体系立てて書かれています。**

たとえば、「初心者向けの株式投資」の本であれば、初心者が株

式投資の全貌を把握できるように（または、実践できるように）書かれています。ある特定の分野の全体像を知りたければ、その分野の入門書を3～5冊も読めば、大概のことは理解できるでしょう。

なお、軽めの教養ものを多くそろえる「新書（文庫本よりやや大きい小型本）」であれば、その分野の情報をコンパクトに取れるものが少なくありません（学術書よりもやさしく書かれています）。門外漢な分野の情報を手っ取りばやく得たいときに利用しましょう。

●本の活用方法

本のタイプは、大きく以下の2つに分けられます。

①楽しむ・味わう目的で読む本（小説など）

幅広い知識や教養を身につけるツールとして有効
➡ 人間の器が広がる

②何かしらのリターンを得る目的で読む本（ビジネス書や実用書）

特定分野の知識をインプットするツールとして有効
➡ 専門性が強化される

どちらも重要な情報源ですが、もしも特定の分野・テーマで文章を書く予定がある場合、ひとまず②に集中し、必要な情報を効率よく入手したほうがいいでしょう。加速度的に専門性が強化されていき、「書きたい」「伝えたい」という意欲が高まります。

❶「健康」についての文章を書く場合

いわゆる「健康本」から情報収集します。健康本といっても、食

事、運動、睡眠、ストレス、うつ病、薬、病院など、切り口はさまざまです。文章のテーマに合致しそうなものから読んでいきます。

❷「健康」のなかでも、とくに「食」についての文章を書く場合

「食と健康」について書かれた本から情報収集します。スローフード、食害、マクロビオティック、玄米食、発酵食、サプリメントなど、切り口はさまざまです。この場合も、文章作成に合致しそうなものから読んでいきます。

本を選ぶときにも「情報収集アンテナ」が重要な役割を果たしします。アンテナをしっかりと張っていれば、必要な本を手にしやすくなります。つまり、ムダな読書を回避できるのです。

◉本からの情報収集プロセス

私の場合、情報収集する目的で本を読む場合、以下のプロセスを実践しています。

①「重要だ（気になる）」と思った個所、つまり、自分が張ったアンテナに引っかかったページをドッグイヤーします（＝ページの角を折ります）。付箋が使いやすい人は付箋を貼っても構いません。

②本を読み終えたら、ドッグイヤーしたページのみ読み直します。このときに、改めて「重要だ」と思った文面にマーカーを引きます。一方、「さほど重要ではない」と判断したら、マーカーを引かず、ドッグイヤーを元の状態に戻します（情報をスルー）。

③常に使える情報として取り出せるようにしておきたい場合は、ノートやメモ帳に、必要なポイント（マーカー部分）のみ筆記します。このとき、一字一句丸写しするのではなく、自分なりにまとめたほうが、思考が整理されて情報への理解が深まります。

　短期的には必要だけれど、蓄積するほどではない情報の場合、③は必要ありません。ドッグイヤーとマーカーラインを頼りに、その記述にアクセスできる状態になっていればOKです。ただし、長期でその情報が必要な場合や、一生の記憶として保管しておきたいときは③が必要となります（メモの記憶効果／32ページ参照）。

●本を読む時間はどんどん短くなる

　情報収集を目的とする読書の場合、読めば読むほど1冊あたりの読書時間が短くなります。なぜなら、自分の知識量が増えていくからです。知識量が増えると、同内容の個所は読み流す（慣れてきたら「読み飛ばす」）ことができるのです。

　おそらく、同一分野の本であれば、1冊目と5冊目では、読み終えるまでの速度が3倍は違うでしょう。逆にいえば、すでに知っている情報まで、一字一句ていねいに読む必要はないのです。

POINT

文章作成のテーマが明確なときは、先に「目次」に目を通して、「読む項目 or 読まない項目」を振り分けます。読むと決めた項目についても、「不要」と判断した段階で、読み飛ばしてOK。本の読み方がうまくなると"情報の断捨離"もうまくなります。

13 「新聞」で情報を収集する

🌱 新聞で幅広い教養を身につける

　新聞は、即時性の高い情報がほしいときに有効です。**新聞には、一次情報に基づいた旬な情報が掲載されている**からです。

　新聞の情報は雑多です。多種多様な情報を網羅的に読むことは、情報が混在する"社会そのもの"を眺める行為ともいえます。

　経済面の「記事A」と、文化面の「記事B」を重ねたときに、はじめて見えてくる情報も少なくありません。幅広い教養を身につけるという観点では、（興味・関心の乏しいものも含め）紙面を網羅する読み方は、極めて大きな意味をもちます。

　一方で、もしもあなたに書くべき文章のテーマがあるなら、新聞を読むときにも、アンテナを張っておく必要があります。つまり、受け身ではなく、より能動的に"必要な情報"を取りにいくのです。

　仮にあなたが「大学教育」をテーマに文章を書いているなら、紙面の見出しから「大学」や「教育」に関係する記事だけをピックアップして、それらの記事を重点的に読んでいくほうが高効率です。

POINT

最近では、各新聞社がウェブ上で有料のデジタル配信サービスも用意しています（過去記事も検索可）。紙の新聞と違って「一覧性に乏しい」という点が玉にキズですが、デジタル情報での入力が肌に合っている人はお試しあれ。

14 ｜「雑誌」で情報を収集する

「濃い情報」や「珍情報」を得られる

　書くテーマによっては、本や新聞と同様に、雑誌も、情報収集源として活用できます。新聞よりは専門性が高く（公共性が低く）、やや本音志向という特性をもち合わせています（新聞は建前志向）。

　雑誌には執筆者が多数います。単一著者の本のように体系立てて書かれてはいませんが、一方で、大勢の記者やライターが足で稼いだバラエティ豊かな情報が満載です。

　とくに読者ターゲットをしぼり込んだ専門誌の場合は、他のメディアではなかなか拾えない「濃い情報」や「珍情報」に出くわす可能性が小さくありません。ビジュアルにも工夫が凝らされているので、情報収集に"楽しさ"を求める人にもうってつけです。

　専門性の強化には、定期購読が向いています。仮にあなたが経営者なら、経営者向けの専門誌を定期購読することによって、経営に関する知識と教養を幅広く身につけることができます。

POINT

ピンとくる記事を見つけたときは、そこから情報を深掘りする姿勢が必要です。「雑誌（興味をもつ）➡入門書（ひとまず学ぶ）➡専門書（じっくりと学ぶ）」という流れです。雑誌もまた主体的にアンテナを張って読むことで、得られるリターンが大きくなります。

15 「インターネット」で情報を収集する

🌱 "ラク"なようで、実は"恐ろしく難しい"

　文章を書くうえでも、インターネット（以下、ネット）から効率よく情報収集するスキルが、ますます重要になってきています。

　ネット上には膨大な量の情報が飛び交っています。ひと昔前であれば、図書館などで調べなければわからなかったような情報が、ネット上で瞬時に拾えてしまうケースもあります。

　その反面、ガセネタや正確性を欠いた情報も山ほど存在します。"ラク"なようで、実は"恐ろしく難しい"のがネットでの情報収集なのです。

●検索を利用する

　Googleなどの検索エンジンを活用して短時間で有益な情報が拾えれば、言うことがありません。検索時に求められるのが、検索窓に打ち込む「キーワード」の選定能力です。

　たとえば、「アトピーの治療法」について知りたいときはどうすればいいでしょうか？

①検索窓に打ち込むキーワード：アトピー
②検索窓に打ち込むキーワード：アトピー 治療法

　アトピーの知識がまったくない場合は①でもOKですが、すでに

知識を得ている場合は、スペース（空き）を挟んで複数のキーワードを打ち込む②のほうが有効です。アトピーの治療法について書かれている（可能性が高い）ページが表示されやすくなります。

　もちろん、「治療法」だけが有効なキーワードとは限りません。併せて「アトピー　治し方」「アトピー　完治」などの検索も試みると、情報の取りこぼしを減らすことができます。

　アンテナの張り方によっては、より能動的に情報を取りにいく姿勢も必要となります。

③検索窓に打ち込むキーワード：アトピーに効く　温泉
④検索窓に打ち込むキーワード：アトピーに効く　温泉　箱根

　「治療法」からしぼり込んで「温泉」と打ち込んだ③の場合、アトピーの治療に有効な温泉の情報が表示されやすくなります。
　さらに、地域をしぼり込んだ④であれば、求める情報により近づけるでしょう。

　検索で必要とされるのも、結局は「情報収集アンテナ」です。言い換えるなら「どこまでの情報がほしいのか」です。
　求めている情報が明確な人ほど（具体的なアンテナを張っている人ほど）、具体的に複数のキーワードを打ち込むことができます。

　一方で、まだ文章作成のテーマが決まっていない場合は、はじめに「アトピー」という"大きい検索"からスタートして、少しずつ

気になる情報へとしぼり込んでいくアプローチが王道です。

◉検索に求められる「目的意識」と「仮説」

氾濫するネット情報に弄ばれずに、有益な情報を拾うためには、「情報ハンティング」のスキルを上げるしかありません。

このスキルを上げるには、はっきりとした「目的意識（アンテナ）」と、＜インターネット上に、○○が書かれているページがあるのではないだろうか？＞という「仮説」が必要になります。

▶**目的意識 ➡ 近場の温泉でアトピーを治したい**
▶**仮説 ➡ ネット上に、アトピーに効くことで有名な箱根の温泉宿を紹介したページがあるのではないか？**

効率よく情報を見つけ出すためには、ありえそうなシチュエーションを設定したうえで、その状況下で書かれた記事を具体的に予測する方法も有効です。

「アトピーの娘を連れて箱根の温泉に行きました。効き目があったようで、わずか３日で皮膚の状態が明らかに改善しました」

たとえば、上記のような記事がありそう――と予測できれば、検索するときに「アトピー　効き目　箱根」と打ち込めます。

闇雲に検索するのではなく、「仮説＆予測を立てる→検索する→検証する」が実践できる人は、検索を使って必要な情報を引き寄せられる人です。

使える検索テクニック

①マイナス検索

　検索表示結果から除外したい言葉があるときには「−（半角マイナス記号）」をつけます。マイナス記号の前にはスペース（空白）を入れ、マイナス記号と除きたい語のあいだにはスペースは入れません。

　たとえば、サッカーを除くワールドカップ情報について調べたいときは「ワールドカップ　−サッカー」と打ち込みます。すると「サッカー」を含まない「ワールドカップ」のページ（例：バレーボールやラグビー、大道芸などのページ）が表示されます。

②フレーズ検索

　通常、検索では、スペースを入れずにキーワードを入力したときに、検索結果を増やすために、キーワードの一部だけ合致したページも表示させるようになっています。

　「人気演歌歌手」と打ち込んだ場合、「人気」「演歌」「歌手」「人気演歌」「演歌歌手」などのページも混ざって表示されます。

　「人気演歌歌手」を分解せずにひとつのフレーズとして表示させたい場合は、「""」（ダブルクォーテーション）でキーワード囲みます。

　「"人気演歌歌手"」と打ち込むと、「人気演歌歌手」に完全一致するページだけが表示されます。

●ネット情報は玉石混交

　情報量の多さとは裏腹に、ネット情報には誤った情報やガセ情報も少なくありません。一次情報はおろか、二次情報や、二次情報を

第2章　STEP①　素材集め▼「あっち情報」を集める

さらに加工・編集したものもゴマンとあります。

　したがって、ネットから情報を拾うときには、果たしてその情報が信頼するに足るものなのか、サイト運営者について調べたり、複数の情報源にあたったり、あるいは、より確実にウラ（＝正しいと判断できる証拠）を取るために、自分の足で一次情報を取りにいったりする必要があります。

　もしあなたが、正確性を欠いた情報をもとに文章を書けば、あなた自身の信頼を落としかねません。書き手としての自分の価値を守るためにも、また、誤った情報やガセ情報をネット上に増やさないためにも、信頼できる情報を集めるようにしましょう。

◉ 有益な情報発信者・キュレーターを見つける

　ネットで情報を拾う方法のひとつには、信頼できる情報発信者やキュレーターを見つける、という方法があります。キュレーターとは、有益な情報を選別・整理したうえで、ときに適切な解説を加えながら、わかりやすくまとめて発信している人です。

　「美容法については○○さん」「TOEIC受験のノウハウなら○○さん」「消費動向の解説なら○○さん」といった具合に、信頼できるキュレーターをチェックしておくことで、誤った情報やガセ情報を拾うリスクが軽減できます。同一分野の文章を定期的に書いている人には、とくにお勧めの情報収集法です。

◉ NAVER まとめを見る

　「NAVERまとめ」とは、一般ユーザーがネット上にあるさまざ

まな情報を独自に編集し、ひとつのページにまとめて公開するキュレーションサイトです。検索して表示された情報を比較検討する手間が省けるため、特定の情報をすばやく仕入れたいときに使えます。

たとえば「NAVERまとめ」で「ビジネスマナー」と検索すると、ビジネスマナーに関するまとめ記事が一覧表示されます。

もっとも、ここにまとめられているそれぞれの記事の信頼性は、必ずしも担保されているとは限りません。

くどいようですが、匿名情報が数多く飛び交うネット情報の真偽は、書き手自身が確かめるよりほかありません。自分で情報のウラを取れない人は情報に踊らされる人であり、同時に、誤った情報を拡散してしまう恐れのある人です。十分に注意しましょう。

◉ RSS リーダーや Google アラートを使う

「RSS リーダー」とは、自分が読みたいサイトの最新情報を教えてくれるツールです。RSSに対応したサイトをRSSリーダーに登録することによって、サイトが更新されたときだけ知らせがきます。時間をかけずに情報収集できるメリットがあります。

また、「Googleアラート」は、自分がチェックしたいキーワードを入力して、アラートを作成することで、そのキーワードの最新検索結果が見つかったときに、メールやRSSで受け取れるサービスです。あなたが書く文章のテーマに応じて、たとえば、商品名、サービス名、話題の言葉などをキーワード登録しておけばOKです。

このほかにも、さまざまなニュースサービスやキュレーションサービスがリリースされています。情報収集の用途や使い勝手に応じて利用しましょう（以下はサービスの一例）。

Yahoo!ニュース／LINEニュース／Gunosy（グノシー）／Presso（プレッソ）／NewsPicks（ニュースピックス）／SmartNews（スマートニュース）／Vingow（ビンゴー）／Antenna（アンテナ）／Kamelio（カメリオ）

POINT

インターネットから有益な情報を拾うためには、まず「インターネット上にどのように情報が配置されているか」を把握することが肝心です。そのうえで、臨機応変に、検索や各種ツール＆アプリ、あるいは、キュレーターなどを活用していきます。

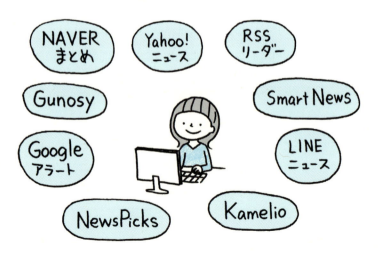

16 「個人発信の一次情報」の扱い方

🌱 ネット上には値千金の情報もある

インターネット情報のおもしろさのひとつが、個人が発信する一次情報が取れるようになったことでしょう。

ブログや Twitter、Facebook、Instagram、LINE、YouTube など、個人が情報発信できる SNS の登場によって、「個人発信の一次情報」の数は一気に増えました。

マスコミの情報のようには整理されておらず、正確性や信憑性も担保されてはいませんが、そうしたリスクを差し引いても、本や雑誌、新聞など既存メディアでは決して収集できない情報を得られるのは貴重です。なかには値千金の情報もあります。

事実、閑古鳥が鳴くほど人気のなかったラーメン屋が、たった一人の「めちゃめちゃおいしい！」のツイートから口コミが広がり、人気店へと生まれ変わるようなケースもあります。

ほかにも、旬なニュースがマスコミよりもはやく SNS 上に流れることや、マスコミではまず扱わないような「地味だけど重要な情報」が拾えることもあります。

こうした個人発信の情報を無視できなくなってきたのか、今ではマスコミも、ニュースの情報源として SNS をチェックしています。

ただし、**個人発信の情報を鵜呑みにしたり、そのまま横流ししたりするのは危険**です。匿名情報はもちろん、実名が示されている場合も、その信憑性は「疑ってかかる」のがセオリーです。情報発信

する個人が背負っている責任はあまりにも軽すぎるからです（誤情報だったら「消せばいい」くらいの感覚の人がほとんどです）。

🌱「ソース」が何かを確かめたうえで文章作成する

しかし、どんな情報であれ、文章作成者の責任のもとに然るべきウラ（＝正しいと判断できる証拠）を取りさえすれば、十分に文章のネタとして活用できる、というのが私の意見です。

というよりも、インターネットやSNSに限らず、**情報の真偽は、最終的には、文章を書く人自身が取るよりほかないのです。**

ウラを取るには、「当事者に確認を取る」「実際に自分で試してみる」「出典（とくに原典）にあたる」などの方法があります。

また、疑わしい情報に関しては、1カ所の情報源ではなく、信頼できる複数の情報源にあたることも大切です。

万が一、ウラを取らずに文章を書いた場合、読み手や周囲から「雑な人」「軽率な人」「嘘つき」として見られてしまう恐れもあります。書き手にとって最も怖いのがこの「信用失墜」です。一度信用を失うと、その後、どれだけ素晴らしい文章を書いても「この人の書く文章は信用ならない」と判断されかねません。

POINT

「情報収集上手」は「ウラ取り上手」です。収集した情報に対して「本当かな？」と疑問が生じたときは、必ずウラを取りましょう。翻って考えると、私たちは「○○さんの書く文章だから間違いない」と信頼してもらえる書き手を目指さなければいけないのです。

17 「テレビ」で情報を収集する

🌱 文章作成するテーマと親和性が高ければOK

　テレビから発信される情報は雑多かつ一方的です。検索性も低いため、情報源としての強みはあまりありません。

　「有益な情報を得る」という点にしぼるなら、目的なくテレビを観るのは最悪です（娯楽としてのそれは否定しません）。時間が取られるうえに、情報量がさほど多くないからです。

　仮に、テレビ番組を情報源として活用するなら、文章作成するテーマと親和性の高い番組を録画しておくのがいいでしょう（キーワード予約機能もお勧めです）。録画であればCMも飛ばせます。

　ちなみに、私が定期的に録画しているのは『情熱大陸』などのドキュメンタリー番組です。なぜなら、「取材→発信」というスタイルが、私の専門である「文章の書き方」（私にとって重要なアンテナ）」に共通していて勉強になるからです。大事なのは、自分に必要な番組を適切に取捨選択することです。

POINT

影響力こそだいぶ低下したものの、テレビには、良くも悪くも、社会の縮図的な側面があります。そうした側面から「社会」や「文化」について語りたい人、あるいは「メディア」「芸能」「ゴシップ」「サブカルチャー」などのアンテナを張っている人には、テレビが貴重な情報源となるでしょう。

18 | その他の情報収集メディアを使う

🌱 的確な YouTube の視聴でムダなく情報収集をする

　情報収集しやすいのは、テレビよりもインターネット上の動画かもしれません。YouTube 動画の視聴者数が増加の一途をたどるほか、近年は、動画コンテンツの種類も多様化し、高品質な有料制の動画サービスも急増中です。スマホの普及によって、通勤通学中やふらりと入ったカフェなどで気軽に視聴できる環境も整いました。

　「英会話」「絵の描き方」「楽器の弾き方」「○○の作り方」「○○の相関図・勢力図解説」「○○さんの人柄」など、世の中には、文字よりも動画のほうが伝わりやすい情報（分野）も多数あります。

　一方で、ほかのインターネット情報と同様、無料動画も玉石混交であり、「見るだけ損」という低質な情報も少なくありません。

　有益な情報を効率よく収集するためには、無自覚に動画を渡り歩くのはNGです（情報を取らされている状態です）。

　大事なのは、検索スキルをあげるか、信頼できる情報発信先を見つけるかして、ムダなく情報収集できる態勢を作ること。もちろん、その大前提として「情報収集アンテナ」が必要となります。

POINT

動画の場合、本のように付箋をつけたり、線を引いたりすることができません。重要なポイントは、その場ですぐにメモしましょう。

19 情報収集は「大局」から「局所」へ

🌱 まず全体を把握し、細部を表現していく

文章作成するテーマが決まっている場合、情報収集のセオリーは「大局→局所」です。

たとえば、あなたが「アフガニスタンの大麻事情」をテーマに文章を書くとします。図書館に大麻に関連する資料を探しに出かけた際に、資料①と②のどちらから先に読みますか？

資料①『アフガニスタンの大麻事情』
資料②『世界の大麻事情』

情報収集のセオリーからいえば②→①の順番が理想です。②は「大局情報」で、①は「局所情報」です。

いきなり局所情報の①にアクセスした場合、そこに書かれている情報は把握できても、それが「何を意味するのか」がわかりません。
大麻情報に関する大局が見えていないため、「アフガニスタンにおける大麻栽培」が、どのような位置づけにあるのかを「読み解く」ことができないのです（ちなみに、アフガニスタンは世界有数の大麻樹脂生産国です）。

一方で、はじめに大局情報である②にアクセスしておけば、そのテーマ（大麻）の全体を見渡すことができます。

すると、大麻が合法化されている国が少なくないことや、大麻原料の栽培が、その国の一大産業になっている国があること、あるいは、日本でも「産業用大麻」の規制緩和が検討されていることなど、世界の大麻事情を網羅することができます。

②で大局情報を集めてから、①の局所情報を集める流れであれば、より正しく情報を「読み解く」ことができます。つまり、「アフガニスタンにおける大麻栽培」の位置づけが見えてくるのです。

🌱 情報はつなげることで価値が高まる

いくら英単語をたくさん知っていても、（文法を含む）英語の構造を知らなければ、英語でコミュニケーションを図るのは難しいでしょう。疑問形の作り方を知らなければ、単語をつなげて「What is your name？」と言うことすらできません。これは、局所情報（単語）の価値が、大局情報（疑問形の作り方）次第で変化することを意味します。

少し言い方を換えるなら、**情報というのは、それ単体ではなく、大小さまざまな「その他の情報」とつながることで価値が変化する、ということ**。それゆえ、情報収集では「大局」と「局所」の両方をそろえておく必要があるのです。

情報収集のセオリーは「大局→局所」とお伝えしましたが、「局

所→大局」の情報収集がまったく不要なわけではありません。

はじめに「北海道北見市で産業用大麻特区がある」という情報に関心を抱き、そのことについて調べはじめたら、次第に「大麻」そのものに興味が広がり、網羅的に大局情報を調べるようになった、という流れの情報収集は、決して珍しくありません。

しかし、その流れは、あくまでも結果論です。あらかじめ目的をもって（アンテナを張って）情報を収集する場合は、そのテーマの「大局→局所」の順番で情報収集するのが、「理解を深める」という点で、最も高効率といえるでしょう。

POINT

テーマをしぼった情報収集では、「局所➡大局」よりも、「大局➡局所」のほうが、ムダな寄り道を減らすことができます。

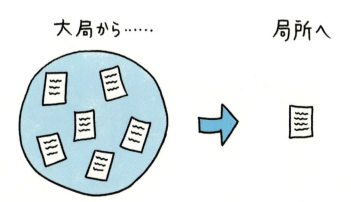

大局から……　　　局所へ

20 情報シャワーには「防御シールド」を張る

SMAP分裂騒動時にどうやって情報収集をすべきだったか？

2016年1月に起きた「SMAP分裂騒動」。スポーツ紙をはじめ、テレビ、インターネット、雑誌などのメディアでは、この話題を大きく取り上げました。

騒いでいたのはメディアだけではありません。騒動発覚から1週間ほどは、家庭や職場、SNS上でもSMAP分裂騒動の話題でもちきりでした。インターネットに踊るうたい文句に誘われるままにSMAP関連の記事を読み漁った人もいるでしょう。

あのとき、多くの人が「SMAP分裂騒動」の情報を取らされていたのではないでしょうか。そもそも「SMAP情報」というアンテナを張っていた人がどれだけいたでしょうか（ファンを除けば少数だったはずです）。

なかには、SMAP分裂騒動の記事から関連記事へと渡り歩き……気がつけば、何時間もネットサーフィンをしていたという人もいたようです。これが情報氾濫社会の落とし穴です。しかも、情報へのアクセスが容易なスマホの台頭により、この落とし穴の大きさは、ますます広がりつつあります。

「SMAP分裂騒動」は一例にすぎません。好むと好まざるとに関わらず、日々、私たちは大量の情報シャワーを浴び続けています。

しかし、そのシャワーをまともに浴び続けていたら、当然、自分にとって本当に必要な情報はキャッチしにくくなります。「取らされる情報」の多くは「ノイズ」のようなものだからです。

ここまで本書では、「情報収集のアンテナを張る」ことの有効性をお伝えしてきましたが、アンテナと同時に、もうひとつ張っておかなければいけないものがあります。

それは、**いらない情報を遮断する「防御シールド」**です。

SMAP分裂騒動の情報を例にとるなら、「SMAP分裂騒動の情報は1日1回、朝刊でチェックすればいい」という具合に、防御シールドを張っておく必要があったのです。

「アンテナ＋シールド」で情報収集力を高める

情報のシャワーを浴びているとき、私たちはいかにも重要な情報をインプットしているように感じますが、「受け身でインプットする情報＝自分にとって重要な情報」とは限りません。

どれだけたくさんの情報に接しても、それが有益なアウトプット（書く・話す・行動する等）につながらなければ意味がないからです。

おそらく、SMAP関連の情報に独自の分析と考察を加えて、「SMAPの解散騒動に学ぶ人材マネジメントの改善点」というレ

ポートを作成した、という人は少ないでしょう。いたとしたら、情報活用能力に優れた人です。

①必要な情報を拾うために＜アンテナを張る＞
②不必要な情報を拾わないために＜防御シールドを張る＞

これまでお伝えしてきた①に加え、②を実践することで、情報収集の効率と精度がアップします。

POINT

世の中に飛び交っている情報は、あなたにとって本当に必要なものでしょうか？　要不要を見極められるのは自分だけです。もしも、不要な情報を取らされたくないなら、自分の身を守るための「防御シールド」を張る必要があります。能動的に「○○の情報は自分には必要ない」と決めましょう。決めた瞬間からシールドが張られます。

第3章

STEP ❷ 材料集め
「こっち情報」を集める

21 「自分の体験」を棚卸しする

まずは思い出してみる

自分のなかにある情報が「こっち情報」です。なかでも、文章作成のネタになりやすいのが、自分自身の「体験」です。

記憶から体験を抜き出すためには、「思い出す」必要があります。

たとえば、中学生向け学習塾の経営者が、塾経営のノウハウをブログ記事に書くときには、その素材として、どんな体験が使えそう

表3-1 塾経営者の失敗体験

① 初期費用をかけすぎて2年ほど金銭的に苦しかった。	② 授業以外で生徒と話をする機会が少なかったため、生徒一人ひとりの性格をつかみきれなかった。	③ 先生向けの研修を行なわなかった（生徒たちの目を見ずに話をする先生がいて、親からクレームを受けた）。
④ 宿題の提出率が悪い生徒を頭ごなしに怒鳴りつけた。その結果、その生徒は退塾した。	**塾経営の失敗体験**	⑤ テストの数が少なく、また、得点上位者を発表しなかったため、生徒たちの競争心に火がつかなかった。
⑥ もともと素行が悪く、勉強意欲のない生徒を入塾させた結果、プチ授業崩壊が起きた。	⑦ 生徒が集まらず、授業料を引き下げたが、生徒は集まらなかった。	⑧ 自習室の環境が悪く（事務室の話し声が聞こえるなど）、生徒たちがすすんで自習をしなかった。

でしょうか。一例として、とりわけネタになりやすい「失敗体験」を棚卸ししてみます（表3-1）。棚卸しした8つの「失敗体験」は、いずれもブログの記事ネタとしてのポテンシャルを秘めています。

「失敗体験」を棚卸ししたら、次に、その先の変化体験（改善したこと等）を棚卸しします（表3-2）。「失敗→改善」は読者の興味を引く鉄板ネタです。

表3-2 その先の変化体験（改善したこと）

① 開塾時には初期費用をかけすぎない（最初は必要最低限でOK）。	② 授業以外の場で子どもたちへの声がけや雑談を増やすほか、週に1度、3分程度のプチ面談を行なって、子どもたちの性格や現状の把握に努めた。	③ 先生向けの研修を実施した（とくに生徒への接し方、話し方などを改善した）。
④ 宿題の提出率が悪い生徒とはよく話し合うようになった。その結果、宿題の提出率が飛躍的に上がった。	**その先の変化体験 （改善したこと）**	⑤ テストの数を増やすほか、得点上位者を張り出した。その結果、子どもたちの競争心に火がついて成績アップにつながった。
⑥ 素行が悪く、生徒本人に勉強意欲がない場合は入塾を認めない方針にした。	⑦ いかなる経営状態でも、授業料の引き上げは行なわないようにした（授業の質を高めて、生徒の成績を伸ばすことに注力するようになった）。	⑧ 自習室を新設。完全防音を実現するほか、勉強しやすい照明や快適な室温を実現。生徒たちが集中しやすい環境を作り上げた。

もちろん、「失敗体験」以外にも、体験には、さまざまな種類があります（以下一例）。いずれも、失敗体験同様に、「その先にあった変化体験」まで棚卸ししましょう。

成功体験／うれしかった体験／感動体験／不思議体験／奇跡の体験／驚きの仰天体験／苦しかった体験／悲しかった体験／冴えない体験

　くり返しになりますが、体験を書くためには、何はさておき、体験を思い出す必要があります。棚卸しをしながら記憶が甦ることも珍しくありません。まずは手を動かしてみましょう。
　思い出すのが苦手な人は、「トリガー（引き金）」になりそうな記憶から思い出します。塾経営者の例でいえば、はじめに「生徒や生徒の親の顔」や「教室や自習室の風景」などを思い出し、そこから少しずつ具体的な体験へとアクセスしていきます。
　アルバムやスマホに収められた写真をチェックするのもお勧めです。写真は、メモ同様、「脳の外付けのハードディスク」です。場合によっては、かなり鮮明な記憶を抜き出すことができるでしょう。

　記憶のなかに眠る体験を自在に抜き出せるようになると「何を書けばいいのかわからない」という悩みの解消にもつながります。

POINT

点で語るよりも、点と点をつなげて線で語るほうが、体験がより立体的に浮かび上がります（読む人が、その体験をイメージしやすくなります）。「失敗体験→変化体験」の棚卸しは、まさしく点と点をつなげて線にする作業です。

22 「自分の感情・考え」を棚卸しする

🌱 事実を書くだけでは共感されにくい

「こっち情報」の重要な要素として「感情」と「考え」の2つがあります。

とくにSNSなどで個人的な文章を書くときには、自分の感情・考えを書けなければ、読む人に興味をもってもらえません。

原文　塾をはじめてから3年目、突然、生徒数が激減し、新規の生徒も集まらなくなった。慌てた私は、授業料を引き下げた。

　生徒を集めるための"苦肉の策"と言いたいところだが、単純に「値下げをすれば、生徒は集まってくるだろう」と気楽に考えていた。

　ところが、蓋を開けてみると、一向に生徒が集まらなかった。

　私は、現実を受け入れたうえで、塾経営を根本から見直した。生徒一人ひとりの進度に合わせた授業カリキュラムを構築するほか、成果にフォーカスした指導体制へとシフト。塾自体の価値を高めることに注力した。

　その努力が実を結ぶまでに、さほど時間はかからなかった。

これは前ページで棚卸しした体験⑦をベースに書いた文章です。前半が「失敗体験」で後半が「改善したこと」です。「失敗→改善」の体験が過不足なくまとめられています。

しかし、どこか物足りません。**書き手の感情や考えが盛り込まれていないからです。**事実を記しただけの文章は温度がなく（冷たく）、共感や感情移入しにくいものです。

人の体験には、必ず体験者自身の感情・考えが付随します。その感情・考えを文章にしなければ、読む人の心は動かせません。

表3-3 失敗体験 ➡ 変化体験①

失敗体験	生徒が集まらず、授業料を引き下げたが、生徒は集まらなかった。
感情・考え	
変化体験	いかなる経営状態でも、授業料の引き上げは行なわないようにした（授業の質を高めて、生徒の成績を伸ばすことに注力するようになった）。
感情・考え	

このような表を使って、2つの体験（失敗体験→変化体験）をしたときに、それぞれ「どんな感情を味わったか」「どんなことを考えたか」を棚卸ししていきます。

感情や考えをよみがえらせるには、体験したことをどれだけリアルに思い出せるかが勝負です。

　無理やり感情や考えを掘り起こそうとするのではなく、頭のなかで当時の体験（景色、言葉、状況、香り、感覚）などを回想してみてください。

　写真や映像、音楽、品物など、何か手がかりになるようなものがあれば、それを眺めたり、聴いたり、触れたりするのも手です。

表3-4　失敗体験 ➡ 変化体験②

失敗体験	生徒が集まらず、授業料を引き下げたが、生徒は集まらなかった。
感情・考え	心が折れた。「この塾自体に価値がない」と言われた気がした。自分の甘さと傲慢さに嫌気が差した。
変化体験	いかなる経営状態でも、授業料の引き上げは行なわないようにした（授業の質を高めて、生徒の成績を伸ばすことに注力するようになった）。
感情・考え	安心すると同時に、この教訓を自分の血肉にしようとを決意した。経営がうまくいかないときほど、生徒の成果に目を向ける必要があると学んだ。

　よみがえった感情・考えは、そのまま表に書き込みます。

　ここまで棚卸しできれば、「こっち情報」は手元にそろったも同然です。それどころか、もう文章の骨格が出来上がっています。

🌱「響かない文章」➡「響く文章」へ

感情、考え方を整理できたら、さっそく文章化していきます。
先ほどの例文に加筆します。

修正文　塾をはじめてから３年目、突然、生徒数が激減し、新規の生徒も集まらなくなった。慌てた私は、授業料を引き下げた。

生徒を集めるための "苦肉の策" と言いたいところだが、単純に「値下げをすれば、生徒は集まってくるだろう」と気楽に考えていた。

ところが、蓋を開けてみると、一向に生徒が集まらなかった。

あのときほど心が折れたことはない。値下げしても生徒が集まらないということは、「あなたの塾には価値がない」と言われているようなものだ（実際にその通りだった）。

事態を深刻に受け止めていなかった自分の甘さと傲慢さに、ほとほと嫌気が差した。

私は、現実を受け入れたうえで、塾経営を根本から見直した。生徒一人ひとりの進度に合わせた授業カリキュラムを構築するほか、成果にフォーカスした指導体制へとシフト。塾自体の価値を高めることに注力した。

その努力が実を結ぶまでに、さほど時間はかからなかった。

私は、ホッと胸をなで下ろすと同時に、この教訓を自分の血肉にしようとを決意した。経営がうまくいかないときほど、生徒の成果に目を向けなければいけない、と。経営の本質に気づかせてくれた、貴重な経験であった。

下線を引いた個所が「書き手の感想・考え」です。
　原文が「感情・考え」の抜け落ちた「無機質な文章」なら、修正文は「感情・考え」を含んだ「有機質な文章」です。前者が"響かない文章"で、後者が"響く文章"ともいえます。読む人の感情を動かすのは、結局、「事実」ではなく、書き手の「気持ち」、つまりは「こっち情報」なのです。

　「失敗体験」だけでなく、「成功体験」「うれしかった体験」「感動体験」「苦しかった体験」など、どんな体験でも棚下ろしのやり方は同じです。
　体験（事実）の棚卸しをすると同時に、その体験時に「どんな感情を味わったか」「どんなことを考えたか」についても必ず棚卸ししてください。読む人は、出来事そのものではなく、その出来事に直面した当事者が、何を感じ、何を考えたのか、その"ココロのうち"を知りたがっています。
　逆にいえば、読む人の気持ちを引くためには、書き手自身の"ココロのうち"を赤裸々に語ることが重要なのです。

POINT

貴重な体験が多ければ多いほど、あるいは、味わった感情や、芽生えた考えが多ければ多いほど、文章作成のアドバンテージになります。よく「人生にムダな体験はひとつもない」といいますが、文章というフィールドにおいても、その格言は核心をついています。

23 深掘りツール①
なぜ？

🌱 情報を深掘りする「なぜ？（Why）」

　第1章で「文章作成は『疑問』からはじまる」（29ページ参照）とお伝えしましたが、「こっち情報」を得るときの考え方も同じです。ここからは、「こっち情報」を深掘りするツールをご紹介します。
　ひとつめのツールが「なぜ？（Why）」です。

▶ **今日はやる気が起きない** ➡ 「なぜ？」と自問する

▶ **髪の毛を少し茶色く染めたくなった** ➡ 「なぜ？」と自問する

▶ **スポーツ観戦は好きじゃないのに、スポーツニュースは好き** ➡ 「なぜ？」と自問する

▶ **いつもはパンツルックなのに、今日はワンピースを着ることにした** ➡ 「なぜ？」と自問する

　すべての行動と考えには理由があります。**「うまい文章」を書きたければ、その理由を導き出すことから逃げてはいけません。**
　「いや、理由なんてないです」という人もいるかもしれませんが、それは、自分の内面が見えていないだけかもしれません。「なぜ？」

を使って自分の内面と積極的に対話してみてください。

「なぜ？」には、「勘」でもいいので答えを出す

　答えが出ないという人は"ひとまず"でかまわないので、答えを出してみましょう。"ひとまず"の答えを出してみて「どうもしっくりこない」と感じたら、そこから修正をかければいいのです。

①和食を食べたいと思っていたのに、気がついたらイタ飯屋に入っていた。

②「なぜ？」と自問する。

③うーん、よくわからないけど、道を歩いていたら、イタ飯の看板が目に入ったから、なんとなく入ってしまった気がする……。

④あ、違う！　コーヒーが飲みたかったんだ！　和食屋だとコーヒーがないから、無意識のうちにイタ飯を選んだのだ！

　このような自問自答が頭のなかで行なわれていれば及第点です。
　ポイントは③です。「うーん、よくわからない」で終わらせていたら、その先はありません。「こっち情報」が手に入らないため、文章化することはできません。
　そこで、もうひと踏ん張り。「イタ飯の看板が目に入ったから」と、"ひとまず"の答えを出したことで、「気づき」の思考が活性化し、本当の理由（コーヒーが飲みたかった）が導き出せたのです。

くどいようですが、大事なのは"ひとまず"です。"ひとまず"の答えは、「何となく」という"勘"でも構いません。一度思考が活性化すると、無意識下に眠っていた「こっち情報」が芋づる式に出てくることが珍しくありません。"ひとまず"の答えは、呼び水としての役割を果たせばOKなのです。

なお、答えを出すときは、頭のなかだけで行なわずに、できる限りアウトプットしましょう。理想はメモ帳やノートに書き出して視覚化することです。

頭のなかにある「もや」は、そのままの状態では、それが本当に自分の感情や考えなのかがわかりません。「視覚化した文字を読むこと＝自分と向き合うこと」だと心得ておきましょう。

POINT

「なぜ？」→「答え」をくり返すうちに、自分自身と対話する習慣が身につきます。すると「こっち情報」をラクにGETできるようになります。自分自身との対話は、思考を深め、人間的な器も大きくします。深掘りツール「なぜ？」は、文章作成の域を越えて、その人自身の人生にも好影響を与えるのです。

24 オプションパーツ 「そもそも」でさらに深掘りする

「そもそも」で自分のなかに鋭い「問い」を立てる

「なぜ?」と一緒に用いると、より大きい深掘り効果が得られる言葉があります。それは「そもそも」です。

「そもそも」には、「物事のはじめ／起こり」という意味があります。人間の言行でいうところの「動機・理由」の部分です。

▶そもそも、なぜ、私は朝ごはんを食べないのだろう?
▶そもそも、なぜ、私はお笑い番組が好きなのだろう?
▶そもそも、なぜ、私はタバコの煙が嫌いなのだろう?

このように「なぜ」の前に「そもそも」を添えることによって、自分のなかにより鋭い「問い」を立てることができます。

文章を書くときはもちろんのこと、ふだんから「そもそも」を使って、自分自身の感情や考えを棚卸ししておくと、「こっち情報」がストックされやすくなります。

▶そもそも、なぜ、私はこの仕事をしているのだろう?
▶そもそも、なぜ、私はこの人をパートナーに選んだのだろう?
▶そもそも、なぜ、私は将来が不安なのだろう?
▶そもそも、なぜ、私は母のことが好きになれないのだろう?

「そもそも」で「こっち情報」をストック

「私、自分のことはよくわからないんです……」という答えは、厳しい言い方をすると、自分と真正面から向き合っていない、ともいえます。「理由なんてない」と決めつけているのかもしれませんし、何か見たくないものにフタをしているのかもしれません。

たしかに「そもそも、なぜ、私は母のことが好きになれないのだろう?」という「問い」に答えるのが簡単でない人もいるでしょう。

しかし、自分に向けて「問い」を立てなければ、永遠にその答え（答えらしきものも含めて）を得ることはできません。

前述の通り、答えは、"ひとまず"でOKです。"ひとまず"が出なければ、「次」はありません（意識が途絶えるので）。答えの可能性を閉ざさないためにも、"ひとまず"の答えが必要なのです。

自分を深掘りして、常に自分自身を客観視できている人は、語る言葉に重みや深みがあります。自分自身の「芯」が見えているからです。「芯」は何かしらの判断を下すときの「基準」にもなります。

たとえば、「私は人を差別しない価値観をもっている」という棚卸しができていれば、その価値観を基準にして、意見を述べたり、行動したりすることができます。つまり、常にブレずに周囲の事象を分析し、また、自分の見解を示すことができるのです。

もしも、あなたが、自分自身の「意見」や「考え」を書きたいのであれば、なおのこと、こまめに「そもそも」を使った自問をして、「こっち情報」をストックしておく必要があります。

25 深掘りツール②
どうやって？

🌱 ここでも「ひとまず」答えを出していく

「なぜ？（Why）」同様に、「こっち情報」を掘り下げるときに使えるもうひとつのツールが「どうやって？（How）」です。

「なぜ？」が理由や根拠、動機などを掘り下げるツールなのに対して、「どうやって？」は内容や手法を掘り起こすときに使えます。

- ▶ おいしい雑炊を作った ➡ 「どうやって作ったの？」と自問する
- ▶ 原稿用紙300枚の小説を書き上げた ➡ 「どうやって書いたの？」
- ▶ 営業成績がトップになった ➡ 「どうやって営業成績を伸ばしたの？」と自問する

答えに詰まることもあるかもしれませんが、そのときは、「なぜ？」のときと同様に、"ひとまず"の答えを出すようにします。

「どうやって営業成績を上げたって言われても……よくわからないなあ。アポ取りの電話を少し増やしたことくらいかなあ」

このくらいの答えでOK。この答えが正解かもしませんし、この答えから気づきを得て、新たな答えが出てくることもあります。

🌱 論理的な説明時に効果を発揮

「どうやって？」を使った棚卸しは、とりわけ論理的な説明をす

るときに有効です。先ほどの「どうやって書いたの？」の棚卸しであれば、棚卸し後に次のような文章が書けるでしょう。

> **棚卸し後に書ける文章**
> 　原稿用紙300枚の小説は、事前にキャラクターと時代背景を具体的に決めたうえで、ストーリーを大まかに50のパートに分けて構成しました。あとは、1日につき、約2パート、つまり、原稿用紙12枚前後をメドに書きすすめていきました。

なお、「どうやって？」は、未来の自分の行動（とくに方法論）について考えるときの棚卸しツールとしても使えます。

▶退職したら、どうやって生計を立てて行こう？
▶お店を開いたら、どうやってお客さんに来てもらおう？
▶この企画はどうやって実現させよう？

人間は、自分のことが一番わかっていません。それゆえ、「こっち情報」の棚卸しは、たまらなく刺激的でおもしろいのです。「自分はこんなことを考えていたのか！」「自分はこんな人間だったのか！」——そんな気づき・発見をするたびに、自分の価値観や思想が更新されていきます。どうぞ、そんな変化もお楽しみください。

POINT
プランや目標、指針などを伝えるときに、「どうやって？」を使って、その内容や手段を棚卸しできると、スピーディかつ理路整然と文章を作成することができます。

26 「自分探しの文章」を書く

🌱 棚卸しプロセスの文章化で見えてくることがある

　人間の思考や感情は複雑にからみ合っているので、ときどき思うように棚卸しできない「こっち情報」に出くわします。

　たとえば、前述した「そもそも、なぜ、私は母のことが好きになれないのだろう？」という自問は、なかなかナーバスなテーマにつき、すぐに答えを出せない人もいるはずです。

　「がんばってみたけど、どうしても棚卸しできない……」というときは、棚卸しのプロセス自体を文章化する方法もあります。

棚卸しのプロセスを文章化

　私は母のことがあまり好きではない。

　私よりも妹をかわいがっていたとか、「勉強しろ」とうるさく言われたとか、思春期のときに罵られたとか、そういうわかりやすい理由があればいいのだが、思い当たる理由が何もないのだ。

　むしろ、妹以上に目をかけてもらったし、テストの点が悪くても笑って許してくれたし、思春期のときにケンカをした記憶もない。それゆえ、余計にモヤモヤするのだ。

　だから、こういうテーマで文章を書くのは非常にツライ。答えだけあって理由がないからだ。数学だって、国語だって、答えがあるなら、必ずその理由があるじゃないか。

ところが、母に対する私の感情は「答え」だけあって「理由」が
ないのだ。そんなことって本当にあるのか？

　しかし、だ。そんなツラさを味わっていた今この瞬間、あること
に、はたと気づいた。うむ。これは世紀の大発見かもしれない。果
たして、この自称"世紀の大発見"が、このテキストの結末として
ふさわしいかはわからないが、一応、続きを書いてみよう。

　はたと気づいたこと。それは、私は、「母のことが好きである」
ということだ（笑）。あははー。ああ、笑いたまえ。私を詐欺師
と呼ぶがいい！　でも、気づいちゃったこの心に嘘はつけない。

　私は、どうやら母親に一度も抗ったことのない（抗おうと思った
ことすらない）自分に居心地の悪さを感じていたようなのだ。そん
な自分が、どこかカッコ悪いと思っていた。その居心地の悪さやカ
ッコ悪さを隠すために「母を好きではない風」を演じていたのだ。

　いやはや、なんたるオチだ。結論が間違っていたのだから、理由
が見つからないのも当然か。これは「もっと自分に素直になりなさ
い」というシグナルなのかもしれないな。うん、きっとそうだ。

🌱 プロセス自体が強力な文章のネタになる

　少し変わった独白調ですが、これはこれで、この書き手にしか書
けない唯一無二の文章です。ほぼ「こっち情報」で書いています。

　自分の感情や考えの棚卸しは、そのプロセス自体が文章のネタに
なり得るのです。「自分探しの文章」とでも言えばいいでしょうか。

　「自分探しの文章」は、どこに着地するのかがわからないスリル
が功を奏して、読み物としても楽しめます。また、どこに着地して
も成立してしまう"お得さ"もあります。

「文章を書くこと＝考えること」につき、書きながら、探していた「答え」が見つかるケースも珍しくはありません（先ほどの例文が好例です）。

　もちろん、書いた文章に納得がいかなければ、ボツにしてしまえばいいだけの話。「自分探しの文章」では、あまり生真面目になりすぎないことも大切です。

　あなたも、棚卸しでつまずいたときは、頭を抱える前に、そのつまずきを文章にしてみましょう。意外におもしろいものが書けるかもしれません。

POINT

例文では、筆者が「答え」を導き出しています。つまり、棚卸しのプロセスを書きながら、実際に棚卸しを済ませてしまった、ということです。こういうミラクルが期待できるのが「自分探しの文章」の醍醐味といえるでしょう。

27 情報は「もつ」より「使う」が重要

🌱 情報リテラシーを高める技術

「情報」はたくさんもっていればいいというものではありません。大事なのは、それを「何のために、どう使うか」です。情報を生かすも殺すも、情報所有者の意識次第なのです。

「情報リテラシー」という言葉を耳にしたことのある人もいるでしょう。情報リテラシーとは、情報の「収集」から「整理や分析」、さらには、「編集や活用」までを、目的に合わせて活用する能力のこと。平たく言うと、「情報活用能力」のことです。

「うまい文章（＝目的を達成できる文章）」を書くためには、この情報リテラシーを高めなければいけません。

情報リテラシーが低い人ほど、文章作成時にも、いろいろと問題を起こしがちです。以下①〜⑥はその一例です。

情報リテラシーが低い人が起こす問題
①誤った情報やガセネタを鵜呑みにしたうえ、その情報の真偽や正確性を確かめもせずに、安易に拡散する
②根拠のない（ウラの取れていない）情報を盾に主張する
③自分の考えや意見を一般化して語る
④読む人の気持ちを考えずに文章を書き、誤解・トラブルを引き起

こす（炎上を含む）

⑤他人の文章をパクる（コピペして利用する）

⑥他人の考えや意見を頭ごなしに否定・批判・非難する

🌱 情報をうまく使えば「石ころ」が「宝石」になる

唐突ですが、あなたに彼女がいたとします。その彼女が大よろこびするプレゼントを、彼女に何も聞かずに買ってあげられますか？

「それはムリでしょう。本人に何がほしいか聞いてみないと」と答える人は、もしかすると情報リテラシーが低い人かもしれません。

一方で、「できると思います」と答えられる人は、情報リテラシーが高い人かもしれません。なぜなら、手元にある情報をうまく活用すれば、彼女が大よろこびするプレゼントに近づくことは十分に可能だからです。

❶彼女の部屋には、いつも花が飾られている（ピンク系が多い）

❷数か月前からミュージシャンの○○にハマっている

❸犬の形をしたアクセサリーが大好きで、よく身に着けている

❶〜❸は、あなたがもっている彼女の情報です。これらの情報を活用すれば、彼女がよろこびそうなプレゼントが買えそうな気がしませんか？

たとえば、❸の情報にアクセスして「そういえば、一度彼女に連れていかれたアクセサリーショップに『犬のアクセサリーコーナ

ー』があったな」と思い出せば、一気に模範解答に近づくことができそうです。

　一方で、情報をうまく活用できない人（情報リテラシーが低い人）は、❶〜❸の情報の価値に気づきません。それゆえ「彼女がよろこぶプレゼントを買う」という＜情報Ａ＞と、「犬の形をしたアクセサリー」という＜情報Ｂ＞を結びつけることができないのです。情報を〝もっている〟のに〝使えていない〟状態です。

　逆に、情報をうまく活用できる人は、ひとつの情報をふくらませたり、分解したり、他の情報とくっつけたりしながら、**「石ころ」のような情報でも「宝石」へと磨き上げることができます。**
　「彼女がよろこぶプレゼント」という＜情報Ａ＞と「犬の形をしたアクセサリー」という＜情報Ｂ＞を結びつけるという行為が、まさにそれ。こうした情報活用ができる人は、手もちの情報から最良の結果を生み出すことができるのです。

　文章作成にも同じことがいえます。この先、あなたの情報収集能力が向上して、たくさんの「あっち情報」と「こっち情報」を手元にそろえても、その情報を活用する能力が乏しければ（情報リテラシーが低ければ）、残念ながら「うまい文章」は書けません。

🌱 アウトプット次第で情報の価値は変化する

　情報活用能力を高めたいのであれば、あらゆる情報の可能性を信じることが大切です。

情報は、ふくらませることも、分解することも、他の情報と結びつけることもできる。なんなら、溶かしたり、ひきちぎったり、煮たり焼いたりすることもできる。何の変哲もない情報が、その使い方次第で、極めて高い価値をもたらす可能性を秘めている——そうした情報の"潜在能力"を信じるのです。

　たとえば、エジソンの伝記を読んだとします。「おもしろかったなあ」という感想で終わらせては、そこで情報の可能性は閉ざされます。

　一方で、「『エジソンの挑戦する姿勢』を、自分の仕事に活かせないだろうか？」と考えられる人は、情報の可能性を信じている人です。信じているがゆえに、「エジソンの挑戦する姿勢」という＜情報Ａ＞を「自分の仕事」という＜情報Ｂ＞と結びつけることができるのです。

　おそらくこの人は、この思考をきっかけに自分の行動を変化させて、何かしらの成果を上げるでしょう（あるいは、成長を遂げるでしょう）。情報リテラシーの高い人の思考・行動の典型です。

　同じことが、文章作成にもいえます。

　エジソンの伝記を読んだときに、ある人は「おもしろかったです」という文章しか書けず、ある人は「エジソンの挑戦する姿勢」という＜情報Ａ＞と「現在の学校教育」という＜情報Ｂ＞を結びつけて、興味深い社会時評を書くことができます。

　この２人にとって「エジソンの挑戦する姿勢」という情報の価値は、まったく別物です。前者にとっては「石ころ」で、後者にとっては「宝石」です。

くり返しになりますが、情報の価値というのは、（文章作成を含む）アウトプット次第でいくらでも変化するのです。

結局のところ、**情報の価値は「あるか、ないか」ではなく、「生み出せるか、生み出せないか」**にかかっているのです。

心配はご無用です。あなたが、文章作成に必要なアンテナをしっかりと張って、情報リテラシーを高めていきさえすれば、間違いなく情報の価値を「生み出す」側の人になれるはずです。

POINT

「うまい文章（＝目的を達成できる文章）」を書く人ほど、「情報リテラシー」が高く、森羅万象、あらゆる情報を活用する能力に長けています。なぜなら、自分のアウトプット（文章作成）に必要なアンテナをしっかりと張っているからです（アンテナ情報収集法／18ページ参照）。「アンテナを張る＝目標設定」です。すすむべき道が明確なため、情報の整理・分析・編集・活用にも迷いがありません。

第4章

STEP ❸　うまい文章への最短ルート！
レバレッジを最大化する「見取り図」ワーク

28 「書く前の準備」に力を入れる

🌱 メモ帳やノートに書いて視覚化 ➡ 全体俯瞰

　情報が手元に集まると、書きたい気分が一気に高まるものです。
　しかし、書きたい気持ちをグッと抑えて、必ずやらなければいけないことがあります。それが本章で紹介する「書く前の準備」です。

- 準備① 読者ターゲットを明確にする【101ページへ】
- 準備② 読者ターゲットのニーズを把握する【106ページへ】
- 準備③ 文章の目的を明確にする【110ページへ】
- 準備④ 読者の反応を決める【113ページへ】
- 準備⑤ メッセージをひとつにしぼる【116ページへ】
- 準備⑥ 文章の切り口を工夫する【121ページへ】
- 準備⑦ 文章のレベルを決める【123ページへ】
- 準備⑧ 文章のテイストを決める【124ページへ】

　8つの準備のなかでも、とくに重要なのが、準備①〜③です。この①〜③が漠然としていたり、ずれていたりすると、どんなにいい文章を書いても、「うまい文章（＝目的を達成できる文章）」にはなりません。
　準備をするときは、ランダムではなく、はじめに①〜③の棚卸しを済ませましょう。④以降の棚卸しはランダムでもOKです。

仮に、「売れる営業マンになる方法」というブログを運営している人がいたとします。その人が「営業マンは雑談に徹しろ！」というテーマで記事を書く場合、表4-1のような準備ができれば及第点です。

　この表4-1は、文章の「見取り図」のようなものです。したがって、書いている途中や書き終えたあとに、見取り図通りに書けていないことに気づいたときは、そのまま放置せずに、文章の修正・改善を検討しなければいけません。

表4-1　文章の「見取り図」

①読者ターゲットを明確にする	②読者のニーズを把握する	③文章の目的を明確にする
一所懸命に働いているのに営業成績が伸びない営業マン	営業成績を伸ばすコツやノウハウを知りたい	記事を読んだ営業マンがすぐさま雑談を実践。営業成績が急上昇する
④読者の反応を決める	営業マンは雑談に徹しろ！	⑤メッセージをひとつにしぼる
「なるほど雑談の威力はスゴい！　実際にやってみよう！」		営業マンはお客さまと雑談すべし！
⑥文章の切り口を工夫する	⑦文章のレベルを決める	⑧文章のテイストを決める
雑談上手 vs 雑談ベタ。両営業マンの営業トークを比較する	営業職3年以内。読書習慣のない人でも理解できるレベル	クスっと笑いが起きるくらい軽めのテイスト

もちろん、この表に書き込んだ内容は一例にすぎません。たとえば、①の読者ターゲットが少しでも変われば、②〜⑧のすべてが変化する可能性もあります。①〜⑧は独立した項目ではなく、歯車のように連動しているのです。

　プロの物書きや文章作成を得意とする人のなかには、こうした準備を頭のなかで済ませられる人もいます。
　しかし、慣れていなければ、そのマネをする必要はありません。
　あなたが、もしも「頭のなかだけで準備をするのは難しい」と感じているなら、遠慮なくメモ帳やノートに書き出しましょう。
　視覚化することによって、全体が俯瞰できます。すると、すすむべき道——誰に、何を、どう書くか——がはっきりと見えてきます。

POINT

いい準備がいい結果を生む。この普遍的な因果は、文章作成にも当てはまります。とりわけ「書く前の準備」の視覚化は、「何を書いていいかわからない」という悩みの解消にも一役買うはずです。

29 準備①
読者ターゲットを明確にする

🌱 「自分のために書かれたものだ」と思ってもらう

　文章を書くときには、「この文章の読者は誰か？」ということを、必ず考えなければいけません。読者ターゲットの明確化です。
　ターゲットが明確な場合と、ターゲットが不明確な場合とでは、読者に伝わりやすい・心に響きやすいのは、圧倒的に前者です。

　とくに注意したいのが、SNSを含むインターネット上に書く文章です。自分が書いた文章が、大勢の人に「読んでもらえる」と思ったら大間違いです。情報が氾濫するこの時代に、不特定多数に向けて文章を書いたところで、ほとんど読んでもらえません。

　大切なのは、読者ターゲットをしぼり込んで「これは自分のために書かれた文章だ」と思う人（＝ドストライクな読者）を増やすことです。

　仮に、あなたが「ヘアケア情報」について書くとします。その文章を読む人、つまり、読者ターゲットは誰でしょうか？
　「髪の毛にトラブルを抱えている人」くらいでは、ターゲットのしぼり方が「ぬるい」といえます。
　なぜなら、髪の毛の悩みは千差万別だからです。
　パッと思いつくだけでも、以下のような種類の悩みがあります。

- ▶髪の毛が薄くて悩んでいる人
- ▶髪の毛が多くて悩んでいる人
- ▶髪の毛が細くて悩んでいる人
- ▶髪の毛が太くて悩んでいる人
- ▶天然パーマ（クセ毛）で悩んでいる人
- ▶髪の毛がサラサラすぎて悩んでいる人
- ▶抜け毛が多くて悩んでいる人
- ▶髪の毛がパサパサして悩んでいる人
- ▶白髪が多くて悩んでいる人
- ▶髪の毛が傷みやすくて悩んでいる人
- ▶頭皮のかゆみやフケで悩んでいる人

　ある人から見れば「うらやましい髪の毛」が、本人にはコンプレックスというケースも珍しくありません。

　「ヘアケア情報」を書くなら、「薄毛で悩んでいる人」くらいまでターゲットをしぼり込む必要があります。

　いえ、もしかすると、これでもまだ「ぬるい」かもしれません。

　なぜなら、「薄毛で悩んでいる人」が求めている情報も、人それぞれ異なるからです。

- ▶増毛の方法を知りたい
- ▶植毛の方法を知りたい
- ▶カツラの情報を知りたい
- ▶スキンヘッドの情報を知りたい

　もっといえば、同じ薄毛でも、20代と50代では有効な対処方法

は違うでしょうし、男性と女性でも違うでしょう。

　突き詰めて考えると、年齢や性別でのしぼり込みも必要なことに気づきます。

　つまり、場合によっては「薄毛で悩んでいる20代男性で、増毛の方法を知りたがっている人」くらいまでターゲットをしぼり込む必要があるのです。このターゲット設定であれば、読者は「これは自分のために書かれた文章だ」と思ってくれるでしょう。

　例を変えましょう。たとえば、あなたが映画のレビューブログを書くとします。そのブログの読者は誰でしょうか？

　読者の悩みが多岐にわたる「ヘアケア情報」ほどのシビアさはいらないにしても、それなりにしぼり込みが必要です。

ダメな読者ターゲット例
映画やドラマが好きな人／映画ファン

それなりにしぼり込めている読者ターゲット例
SF映画ファン／ジブリ映画ファン／昭和の任侠映画ファン／『スター・ウォーズ』ファン／俳優ジェームズ・フランコのファン／デートにぴったりの映画を探している人／子どもと一緒に楽しめる映画を探している人

人気ブログになる秘密とは？

　私は読者ターゲットを設定する作業を「旗を立てる」と呼んでいます。明確な旗を立ててブログを書きはじめると、その旗に共感・

共鳴する人たち（読者）が集まって、次第にファン化していきます。

　別の例を挙げましょう。あなたがグルメ情報を発信するブログを書くとします。この場合、映画レビュー同様に、読者ターゲットをしぼり込まなければ、多くの読者を獲得するのは難しいでしょう。
　読者ターゲットをしぼって明確にできれば（旗が立てば）、人気を獲得する確率は格段に高まります。読者がよろこぶ「貢献の記事」が書きやすくなるからです。

▶ **読者ターゲット：パンケーキ好き**
▶ **読者がよろこぶ記事：人気パンケーキ店の実食レポートなど**

▶ **読者ターゲット：食材にこだわる健康志向派**
▶ **読者がよろこぶ記事：からだに優しい食材を提供するお店の情報など**

▶ **読者ターゲット：ホテルのランチブッフェ好き**
▶ **読者がよろこぶ記事：東京の高級ホテルのブッフェ 12 選など**

▶ **読者ターゲット：B 級グルメ愛好家**
▶ **読者がよろこぶ記事：配送可能な全国の B 級グルメ情報など**

▶ **読者ターゲット：ハワイで食い倒れたい人**
▶ **読者がよろこぶ記事：ハワイの人気ホテルディナー TOP10 など**

　おもしろいもので、濃い読者で旗の下がにぎわうと、その様子を

遠巻きに見ていた読者（ターゲット以外の人たち）も近寄ってきて、さらに活気づきます。これが人気ブログの秘密です。

一方、ぼんやりしたブログ（＝旗が立っていないブログ）には、そもそも人（アクセス）が集まりません。せっかく有益な記事を書いても「読んでもらえない」という悲劇に見舞われます。

今ほど情報が氾濫した時代はありません。この状況下で、「いいことを書いているから、私の文章を読んで！」と大声を出したところで、残念ながら、ほとんどの人が振り向いてくれません。

POINT

読者の興味・関心を引くには、届けるべき相手（読者ターゲット）を明確にし、その人たちに向けて「貢献の文章」を書くやり方が王道です。「文章作成＝サービス業」という意識をお忘れなく。

30 準備②
読者ターゲットのニーズを把握する

🌱 読者のニーズを把握する方法

　読者ターゲットを明確にしたら、次に、その人たちのニーズを把握します。ニーズとは、「必要としているもの」です。
　読者のニーズを把握できていない状態で書きはじめると、「貢献の文章」からかけ離れた文章になりかねません。

　たとえば、本書の読者ターゲットは、「何を書けばいいかわからない人」です。彼らのニーズを把握したうえで、役に立つ情報を提供することが、著者である私に求められている役割です。

　そういう意味では、もしも、本書を読んだ「小説家志望」や「プロのライター」から「この本は役に立たなかった」と不評を買っても、私は気にしません。
　そもそも、その人たちは読者ターゲットではありません。ターゲット以外の人に響かないのは仕方のないことです。

　一方で、本来の読者から「この本は役に立たなかった」と言われたら、さすがに責任を感じます。
　そう言われる原因は、私が、読者のニーズを把握できていなかったか、把握できていたにもかかわらず、ニーズに応えられなかったかのどちらかでしょう。

では、読者のニーズは、どのようにして把握すればいいのでしょうか。以下に4つの有効な方法を紹介します。

①読者ターゲットと雑談する

読者のニーズを把握するうえで、読者との「雑談」は極めて有効です。とりとめのない話をするなかで、潜在的かつ強力なニーズを拾えるケースが少なくないからです（「○○の記事を読みたいですか？」といった直球の質問は、雑談に織り交ぜる程度が無難です）。

私も、本書の執筆前に「何を書けばいいかわからない人たち」との雑談を心がけてきました。

事実、本書で紹介しているノウハウの多くは、彼らとの雑談から着想を得ています。文章もまた「現場100回」。重要な情報は、やはり現場に落ちているのです。

②読者ターゲットにアンケートを取る

自分が知りたいことを質問できるのが、アンケートの長所です。

知りたいことが明確なときは、「ご自身についてお書きください」という漠然とした項目ではなく、「ふだん、どのような縁起をかついでいますか？」くらい具体的に質問をしましょう。

なお、アンケート調査の短所は、質問項目以外に話が広がりにくい点にあります。また、なかには「アンケートには、きちんとしたこと（相手がよろこぶこと）を書かなければいけない」と思い込んでいて、本心を書かない人もいます。

さらには、「記名式」だと恥ずかしがる人や嫌がる人もいます。本音を引き出したいなら「無記名式」がお勧めです。

気軽に答えられるテーマであれば、SNSを使って「○○について、

どう思いますか？」などと質問を投げてみるのもいいでしょう。

　いずれにしても、形式的なアンケートだけで読者のニーズを把握するのは少し危険です。雑談との併用を心がけましょう。

③読者ターゲットのライフスタイルをリサーチする

　さまざまな方法で——人から話を聞いたり、遠目から観察したり、本や雑誌、ウェブ、SNSなどで調べたりしながら——読者ターゲットのライフスタイルをリサーチします。

【ライフスタイル（一例）】家族構成／居住地／年収／貯蓄額／価値観／金銭感覚／仕事／趣味／夢／目標／よろこび／悩み／心配／どんな服を好んで着ているか／どんなクルマに乗っているか／どんな異性が好みか／どんな音楽を聴いているか／どんな芸能人が好きか

　なぜ、ここまでリサーチする必要があるのか？　それは、**ライフスタイルのなかには、重要なニーズが隠れている**からです。

　たとえば、都心の女子大生がターゲットの場合、彼女たちが愛読する雑誌やウェブサイトを参考にすれば、「『きれい』よりも、『かわいい』という言葉のほうが刺さる」といった判断が下せます。

　あるいは、ターゲットの年収が300万円に満たない場合、「『投資で資産を増やそう』よりも、『節約してお金を貯めよう』という内容のほうが興味をもつだろう」という推測ができます。

　ライフスタイルが見えれば、後述する「文章のレベル（123ページ参照）」や「文章のテイスト（124ページ参照）」も設定しやすくなります。

④ターゲットと同じ行動を取る

「読者ターゲットのライフスタイルをリサーチする」の延長線にあるのが、「ターゲットと同じ行動を取る」という方法です。

いくら頭で「ニーズの把握が重要」とわかっていても、頭で考えたことは、しょせん想像の域を出ません。

一方で、**読者ターゲットと同じ行動を取ることで手に入るのは「実感」という価値ある情報です。**

書店員さん向けにPR文を書く仕事をしている人であれば、理想は「書店の現場で1日研修をさせてもらうこと」です。

「書店員ってこんなに忙しいのかあ」「新刊本ってこんなに多いのかあ」「書棚に本を並べるときって、こんな工夫をしているのかあ」「書店のバックヤード（倉庫）はこんな状態なのかあ」「書店員って、こんなに休憩時間が少ないんだあ」——などなど。

読者と同じ行動を取ることによって、はじめて見えてくるニーズも少なくありません。もちろん、現実的に1日研修は難しいにせよ、1時間、いえ、15分でも構いません。「隙あらば、同じ行動を取ってみよう」と前のめりな気持ちでいることが大切です。

POINT

読者と同じ行動を取ったときに、何が見えたか、何を感じたか、何を思ったか。その場で得た「実感」は宝物にほかなりません。読者のニーズが体に染みついていれば、「想像」ではなく、「実感」を頼りに文章を書くことができます。読者と同じ「実感」が自分のなかにあるという状態は、文章を書くうえで大きなアドバンテージです。

31 準備③ 文章の目的を明確にする

「踏み込みが浅い」と最良の結果は得られない

　第1章でお伝えした通り、本書が定義する「うまい文章」とは、「目的を達成できる文章のこと」です。したがって、文章を書くときには、当然、目的を明確にする必要があります。

　あなたが、以下①〜③の文章を書くとします。その目的はそれぞれ何でしょうか。

①仕事の依頼文→仕事の依頼概要を伝える
②上司に提出する企画書→企画の概要を伝える
③自社商品のチラシ→商品の特性を説明する

　これらの目的では「踏み込みが浅い」と言わざるを得ません。より深く踏み込まなければ、最良の結果は得られません。

　下記は深く踏み込んだ目的の一例です。

①「イベントに参加します！」と即答してもらう
②「この商品がほしい！」と即購入してもらう
③「おもしろい企画じゃないか！」とすぐさま採用してもらう

　では、あなたが、とあるイベントの案内文を書くとします。このとき、案内文を書く目的は何でしょうか？

🌱 目的の差＝文章の質

❶イベントの概要を正確に伝えること
❷参加の申し込みをしてもらうこと
❸すぐさま参加の申し込みをしてもらうこと

　❶は「踏み込みが浅い目的」です。「イベントの概要を正確に伝える」のは、書き手として当然の役割です。
　❷と❸では、「すぐさま」とある❸のほうが深く踏み込んだ目的です。❷はやや踏み込みの浅い目的です。

表 4-2　目的別の成果（参加申込者数）の差

文章の目的　読者の反応	目的❶ イベントの概要を 伝えること	目的❷ 参加の申し込みを してもらうこと	目的❸ すぐさま参加の 申し込みをして もらうこと
参加しない	80人	60人	20人
参加の申し込みを する	15人	30人	50人
即座に参加の 申し込みをする	5人	10人	30人
参加申込者合計	**20人**	**40人**	**80人**

　この表は、目的別の成果（参加申込者数）の差をわかりやすくま

とめたものです。目的の踏み込みが深いほど、大きな成果をもたらしています。「目的の差」が、そのまま「文章の質（内容、構成、言葉の選定、書き方など）の差」に変換されるからです。

POINT

瓦割りで5枚の瓦を割るには、10枚の瓦を割る気持ちで挑まなければいけません。それと同じ感覚が文章にも求められるのです。あなたが書く文章の目的は、深く踏み込まれていますか？

32 準備④ 読者の反応を決める

🌱 相手の反応をありありとイメージして書く

　前ページの「文章の目的は、深く踏み込む」と連動して、もうひとつ提案したいのが「読者の反応を決める」という方法です。
　「えっ、読者の反応を予測するんじゃなくて？」と思った人もいるかもしれませんが、予測ではありません。決めるのです。
　文章を読む人の反応を具体的に決めることで、目的の達成率が飛躍的に高まります。

　「読者の反応を決める」は、広い意味での目標設定です。「目標」とは「目的」を達成するためのステップのこと。
　人間の脳は賢く、目標を決めたそばから、「その目標を実現するためにはどうすればいいか？」と考えはじめます。そもそも脳には、目標をクリアするための自動操縦システムが備わっているのです。

　あなたが、好きな人にラブレターを書く場合、「嫌われないかなあ」と心配しながら書いてはいけません。その心配を引き寄せる文章を書いてしまうからです。
　そうではなく、「うれしいわ。私も山口くんのことが好き！」。目を輝かせながら、彼女がそう答えるシーンを、ありありとイメージする必要があります。
　あるいは、たとえ相手がこちらに興味をもっていないと感じてい

第4章 STEP ③ うまい文章への最短ルート！ ▼ レバレッジを最大化する「見取り図」ワーク

たとしても、「山口くんのことは今まで何とも思っていなかったけど……なんだか好きになりそう」と答えるシーンをありありとイメージしなければいけません。それが、「反応を決める」ということです。

シーンを鮮明にイメージする

仮に、あなたがお詫び状を書くとします。

書いているときにイメージする相手の反応が「まあ、許してもいいよ」程度だと、おそらく許してもらうのは難しいでしょう。場合によっては、相手の逆鱗に触れて、火に油を注ぐことになるかもしれません。

快く許してもらうには、相手が「わかりました。山口さんの誠意は十分に伝わってきました。すべてを水に流しましょう」と返答するシーンを鮮明にイメージする必要があります。

その言葉と同時に、その人の笑顔まで思い浮かべているようなら、文句なしに「うまいお詫び状」になるでしょう。

あなたが、もしも商品のチラシに載せる文章を書くなら、チラシを読んだ人にしてもらいたい理想的な反応（例：「今すぐほしい！」）を決めておけば、その商品の購入率は高まるでしょう。

ブログに記事を書く場合はどうでしょう。それぞれの記事の特性に応じて、反応を決める必要があります（以下は一例）。

▶**お役立ちのノウハウ ➡ 「これは、すごく役に立った！」**

- 独自の社会批評 ➡「鋭い！ そういう見方もあるよね！」

- 人間と犬の感動秘話 ➡「いい話だなあ。涙が出ちゃったよ」

- 登山体験記 ➡「山に登ってみたくなっちゃった！」

- 手作りピアスの作り方公開 ➡「手順が具体的でわかりやすい！」

- お勧め小説のレビュー ➡「無性に読みたくなった！」

　もちろん、全員が、決めた通りの反応をしてくれるわけではありませんが、反応を決めておかなければ、理想的な反応をしてくれる人の数はさらに減ります。反応を決めるか否かで、目的の達成率は大きく変化するのです。

　もう一度くり返します。
　そもそも脳には、目的をクリアするための自動操縦システムが備わっています。
　この便利なシステムを利用しない手はありません。

POINT

「文章の目的は、深く踏み込む ➡ 読者の反応を決める」。うまい文章を書きたいなら、この連携に力を注ぎましょう。

33 準備⑤ メッセージをひとつにしぼる

🌱 あれこれと書く＝自己満足

　伝わる文章を書くためには、ひとつの文章に、あれこれとメッセージを盛り込みすぎてはいけません。メッセージの数が多いと、読者が混乱しかねません。

　メッセージはひとつにしぼることが大切です。

　メッセージがしぼれていない人、あるいは、メッセージについて考えたことのない人は、次のような書き方をしてしまいがちです。

▶ ❶思いつきで文章を書きはじめる
〈よし、今日は「健康になるための習慣」について書こう！〉

「いくらお金があっても、健康でなければ意味がありません。では、健康を維持するためには、どうすればいいのでしょうか？　それは、」〈あれ？　書けないぞ〉

▶ ❷何を書けばいいかわからなくなる
〈えーっと、健康にとって、いちばん重要な習慣ってなんだっけ？ 食事、睡眠、運動、あ、いや、ストレスを溜めないことかもしれないけど、確証はないなあ。ああ、何を書こう（汗）〉

▶❸仕方なく、調べはじめる

〈検索してみよう。うーん、たくさん情報が出てきたけど、どれが重要な情報なんだろう……。どうせだから全部書いちゃえ〉

「まず注意すべきは食害で〜。次に大事なのが運動で〜。さらには睡眠も大事で〜。それにストレス解消も重要で〜」

⬇

▶❹収集がつかなくなり、情報の羅列になる

〈ふー、書き終えた。自分でも結論がよくわかっていないけど……いろいろと書けたから、まあ、よしとしよう〉

　書き終えた本人は満足かもしれませんが、薄い情報を羅列した文章を読まされる読者はたまったものではありません。

　そもそも、検索で拾ってきた即席情報に価値はありませんし、書き手のメッセージが弱い（ない）のもよくありません。

　「で、何がいいたいの？」──読み終えた読者から、そう言われても仕方ありません。しぼられていないメッセージは、書き手と読み手の双方にとって「百害あって一利なし」です。

♥ 読者に届けるメッセージをひとつにしぼる

　「健康になるための習慣」がテーマであれば、たとえば、以下のように、読者に届けるメッセージをひとつにしぼる必要があります。

①睡眠に特化 ➡ 「6時間以下の短時間睡眠が生活習慣病の元凶！」

②運動に特化 ➡ 「１日１５分の有酸素運動がボケ防止に有効！」

③食事に特化 ➡ 「危険！ トランス脂肪酸の正体はプラスチック？」

④ストレスに特化 ➡ 「満員電車で疲弊すると死亡率が上がる？」

　これくらいメッセージがしぼられていれば、読者が興味や関心を
もちやすくなります。

中華店❶：お勧めは、餃子とチャーハンとラーメンと杏仁豆腐です。

中華店❷：お勧めは、飛騨牛を使った肉汁たっぷりの特性餃子です。

　あなたが行ってみたいのは、中華店❶と❷のどちらでしょうか。
大半の方が❷に軍配を上げるでしょう。
　お勧め品が４つもある❶は、「どれも大差ありませんよ」と言わ
れている気がします。
　一方、お勧め品を餃子にしぼった❷は、その特徴が掘り下げて書
かれていることもあって、「食べてみたい」という気持ちになりま
す。

　就活生が企業に提出するエントリーシート（ES）。あなたが企業
の採用面接官だとしたら、ES❶と❷のどちらに興味をもちますか。

ES❶：大学時代の３年間に、さまざまなアルバイトを経験しなが
ら、社会や経済の仕組みを学び、コミュニケーション力や指導力、

決断力、実行力、指導力などに磨きをかけてきました。

ES❷：大学時代の3年間、ずっと続けてきたのが「1日1回、見ず知らずの人に話しかける」という自分との約束です。おかげで、どんな人とも、初対面ですぐに仲良くなれるコツを身につけました。

　ES❶は、アピールポイントをぎゅうぎゅうに詰め込んだことが裏目に出て、学生の人柄や魅力が見えません。

　一方、「自分との約束を果たしたエピソード」にアピールポイントをしぼったES❷には、書き手のユニークな個性がにじみ出ています。私が採用面接官なら、この学生の話を聞いてみたいです。

ブログは1記事＝1メッセージ

　ブログを書く場合も同じです。基本は「1記事＝1メッセージ」です。せっかくいいことを書いても、ひとつの記事に複数のメッセージが含まれていると、読者が「わかりにくい」と感じます。

❶黒糖パンの作り方
❷キッシュの作り方
❸シュトレンの作り方

　料理のレシピを公開するブログであれば、同じ記事に❶〜❸を盛り込むのは賢いやり方とはいえません。一つひとつの情報濃度が希釈されて、読者にメッセージが伝わりにくくなります。それぞれ別立ての記事にしてあげたほうが親切です。

「1記事＝1メッセージ」が守れているかどうかは、記事タイトルをつけてみるとわかります。
　メッセージがしぼられている記事はタイトルがつけやすいはずです（先ほど「健康になるための習慣」で紹介した①〜④のタイトルが好例です）。
　一方、メッセージがしぼられていない記事は、タイトルをつけるのにひと苦労するはずです。ぜひ、意識してみてください。

POINT

たくさんのメッセージを盛り込んで悦に入っているようではいけません。メッセージが多すぎると、読者の混乱を招きかねないからです。関係性が薄い複数のメッセージがひとつの文章（記事）に混在しているときは、記事の分割を検討しましょう。

34 準備⑥ 文章の切り口を工夫する

切り口にオリジナリティや その人らしさかあるかどうか

文章は「切り口」が超重要です。「切り口」は「視点」と言い換えてもいいでしょう。

仮に、「冷え性」をテーマに文章を書く場合、どのような切り口が考えられるでしょうか。下記①〜④はブログ記事の切り口例です。

①知る人ぞ知る、冷え症改善の裏ワザ7選
②スマホでゲームをしながら冷え性を治す方法
③「冷え性」の人はよろこぼう！
④わずか1週間で慢性的な冷え性を克服できたわけ

「冷え性の原因と改善策」という平凡な切り口であれば、おそらく誰にでも書けるでしょう。インターネットで「冷え性」と検索すれば、冷え性情報を簡潔にまとめたサイトに行きつくでしょう。そこで得た情報を下敷きに記事を書くのは難しくありません。

しかし、どこかのサイトに掲載されている情報は、本当にあなたが書くべき文章なのでしょうか？　同じ切り口で書くくらいなら「あなたが書く必要はない」――というのが私の見解です。

大事なのは、**文章の切り口にオリジナリティやその人らしさかあるかどうかです**。同じ情報でも、切り口次第で、おもしろくも、つまらなくもなります。

プロのエッセイストやコラムニストが書く文章がおもしろいのは、切り口に独自性があるからです（その発想の多くが、個人的な体験に根ざしている点も大きな特徴です）。

　以下に、読む人の興味を引く切り口の一例をシェアします（※カッコ内の番号は、前ページの①〜④で該当するものです）。

●知的好奇心をくすぐる切り口（①）
　知的好奇心をくすぐることができれば合格です。冷え性の例でいえば、「まとめサイトの情報＋α（←裏ワザ情報）」が必要です。「＋α」に魅力と信憑性があるほど記事の価値が高まります。

●意外性を示す切り口（②）
　知的好奇心をくすぐりながら、さらに「意外性」も盛り込みます。読者が「えっ、そうなの？」と驚きを抱きながら読みすすめてくれれば成功です。もちろん、読者を納得させる十分な根拠は必要です。

●常識を覆す切り口（③）
　意外性以上に読者が興味をもちやすいのが「常識を覆す」切り口です。読者が怪訝そうに「なぜ、そんなことを言う？」と読みすすめます。懐疑的な読者が最後に「納得！」と腹落ちすれば成功です。

●体験を語る切り口（④）
　個人的な体験は、この世で唯一無二の情報。つまり、「あなたが書くに値する」文章です。読者への貢献を意識しながら体験を語れれば完璧。興味をもたれやすく、記憶にも残りやすくなります。

35 準備⑦ 文章のレベルを決める

🌱 読者がどの程度の知識と読解力をもっているかを考えて書く

文章を書くときには文章の「レベル」も決めます。読む人の知識レベルと読解レベルに合わせた書き方をしなければいけません。

① 4—2—3—1のシステムのなかで武藤に与えられたポジションは1トップだ。

② 武藤選手は、相手ゴールに最も近い場所でプレーしています。攻撃して点を取る役割が求められているプレイヤーなのです。

サッカー雑誌に掲載するならば、①でも問題はありません。読者は「4—2—3—1」も「1トップ」も理解しているからです。

ところが、①は、一般的な女性誌には掲載できません。サッカーに詳しくないと、理解できないからです。

女性誌に掲載するなら、②までレベルを落として、サッカーに詳しくない人にも、理解できるようにしてあげなければいけません。

POINT
読者があまり知識や読解力をもち合わせていない場合に、どれだけレベルを落とせるかが"腕の見せどころ"です。専門知識をひけらかして自己満足に陥らないよう注意しましょう。

36 準備⑧ 文章のテイストを決める

🌱 書く目的、掲載する媒体に応じてテイストを選ぶ

「文章のレベル」同様に、文章を書く前には、「文章のテイスト」も決めておきましょう。

①披露宴の終盤に娘が読み上げた手紙に感涙を禁じえませんでした。親冥利に尽きる至福の瞬間でした。

②披露宴の終盤に娘が読んだ手紙に感動しまくり〜。目をウルウルさせながら、たっぷりと親の幸せを味わいました！

①と②は同じ出来事を書いた文章ですが、テイストがまったく異なります。「感涙を禁じえませんでした」と「感動しまくり〜」を比較しても、受ける印象はまったく違います。①は「重め」で、②は「軽め」です。**どちらがいい悪いではなく、読者対象や文章を書く目的、掲載する媒体などに応じ、テイストを選ぶ必要があります。**

もちろん、①や②よりも、さらに重めや、さらに軽め、あるいは、①と②の中間的なテイストを狙うこともできます。

ちなみに、近頃は重めよりも軽めのテイストが好まれやすい、というのが私の実感です。とくにSNS上ではその傾向が顕著で、多くの人が「堅苦しい文章は読みたくない」と思っています。テイストを決めるときも、やはり読者のニーズは無視できないのです。

第5章

STEP ❹
文章あてはめフォーマット術

37 | 「どう書けばいい？」がなくなる文章フォーマット活用術

🌱 型を使って文章を書く

　歩く。座る。お箸を使う。多くの人が、これらの動作を自然にできていることでしょう。歩くときに「右足を出して、次に、えーっと、左足を出して……」と考えてはいないはずです。

　なぜなら、一連の動作をカラダがすでに覚えているからです。「自動操縦スイッチ」がオンになっている状態です。

　文章を書くときにも、「説明文はこの流れ」「体験談はこの流れ」という具合に、瞬時に文章構成の青写真が描ければ理想です。

　文章作成における「自動操縦スイッチ・オン」の状態です。

　この状態を作り出すツールが、本章で紹介する「文章フォーマット」です。フォーマットとは「型」のこと。**型を使って文章を書けるようになると、「どういう流れで書こうかな？」とムダに頭を悩ます必要がなくなります。**

●結論優先フォーマット【128 ページへ】

> ①結論 ➡ ②理由 ➡ ③具体例 ➡ ④まとめ

　情報氾濫時代にマッチした、わかりやすさ No.1 の型。ビジネス文章からメール、SNS まで、あらゆる文章作成に使えます。

◉物語フォーマット【132 ページへ】

①挫折 ➡ ②転機 ➡ ③成長 ➡ ④未来

映画や小説などにも採用されているフォーマットを簡略化した型です。読み手の「共感」や「感情移入」を誘うことができます。

◉列挙フォーマット【139 ページへ】

①全体像 ➡ ②列挙A ➡ ③列挙B ➡ ④列挙C ➡ ⑤まとめ

複数の情報をわかりやすく伝えたいときに重宝します。情報を整理して列挙することで、読み手の理解度が高まります。

◉主張フォーマット【143 ページへ】

①主張 ➡ ②理由 ➡ ③具体例 ➡ ④予想される反論への対応 ➡ ⑤再主張

書き手自身の主張、あるいは意見や考えを書きたいときに使えます。前もって反論への予防線を張っておくことで、読み手が共感・納得しやすくなります。

◉ SNS 紹介・宣伝フォーマット【147 ページへ】

①体験（不の提示）➡ ②紹介・宣伝対象との出合い（不の解消）➡ ③紹介・宣伝対象の説明 ➡ ④まとめ

SNS で紹介や宣伝をしたいときに使える型です。「説明」よりも先に「体験」を書くことで、読み手の興味・関心を引きつけます。

38 結論優先フォーマット

🌱 読者が少しずつ納得度を高めていく型

　加速度的に情報量が増えつつある現代社会にうってつけの型が、メッセージ（結論）を冒頭で示す「結論優先フォーマット」です。
　早々に結論を把握できるので、読む人にとっては「理解しやすい」「安心して読みすすめられる」などのメリットがあります。

① 結　論
② 理　由
③ 具体例
④ まとめ

▶**①結論**

　大事な仕事やイベントがある日の朝食は、できるだけ消化の悪い食べ物は控えるようにしています。

▶**②理由**

　なぜなら、人一倍、胃腸が弱いからです。

▶**③具体例**

　以前、草野球の試合の日に、少し多めに朝ごはんを食べたとこ

ろ、その直後から猛烈におなかを下してしまいました。

　なんとか試合には出場したものの、集中力を欠いて、打っては
4打数0安打。守備では2失策と散々でした。

▶︎④まとめ

　おなかと野球がダブルで「消化不良」。もう二度と同じ思いは
したくありません。

　①の「結論」が、この文章のコアメッセージです。少し乱暴な言
い方をするなら「①さえ読まれれば、その先は読み飛ばされても
OK」。その潔さが、結論優先フォーマットの特徴です。

　なお、②の「理由」がなかなか書けないときは、ひとまず「なぜ
なら」と書いてみましょう。その後に続く言葉が出やすくなります。
接続詞を誘導役として使うのです。

▶︎①結論

　「あれっ、風邪かな？」と思ったときは、できる限りはやく体
を温めましょう。

▶︎②理由

　なぜなら、体を温めると免疫力が上がるからです。体温が平熱
より1℃上がると、免疫力が5倍になるといいます。

▶︎③具体例

　体を温めるには、重ね着をしたり、熱いタオルで首の後ろを温
めたりするほか、熱いお湯を入れたバケツに片足ずつ足を入れる

「足湯」を、ふくらはぎが真っ赤になるまでくり返すのもお勧めです。

　食欲があるようなら、ショウガとネギを入れた味噌雑炊を食べるのもいいでしょう。体が芯から温まります。

▶④まとめ

　風邪のひきはじめで無理をすると、こじらせて重症化してしまいます。なるべくはやく体を温めて、休息を取りましょう。

　結論優先フォーマットのなかでも、とくに重要なのが②の「理由」です。例文では「体温が平熱よりも1℃上がると、免疫力が5倍になる」という強力な論拠を示しています。この論拠のおかげで、読む人は腹落ちするわけです。

▶①結論

　人間関係に悩んでいる人には、全米で話題になった名著『自分の小さな「箱」から脱出する方法』を処方してみてください。

▶②理由

　なぜかというと、この本で明らかにされている「人間関係を悪くする根本原因（＝自己欺瞞）」についての理解が深まると、悪化した人間関係が改善へと向かいやすくなるからです。私自身の夫婦関係がまさにそうでした。

▶③具体例

　実はこの本を読んだ当時、私は妻と不仲の状態にありました。

しかし、その原因が自分にあるとは、考えもしませんでした。「相手（妻）が100%悪い」と決めつけていたのです。

　ところが、試しに、自分のなかにある自己欺瞞（らしきもの？）を手放していったところ、少しずつ妻との関係が修復していき、数か月後には、元の仲良し夫婦に戻っていたのです。これには私も驚きました。「脱・自己欺瞞」のパワー、なんとも恐るべし。

▶ **④まとめ**

　せっかく取り戻した夫婦の絆。「揺り戻し」が起きないよう、定期的に本を読み返して、そのエッセンスを完全に自分のものにしたいと思います。

　結論優先フォーマットは、冒頭で結論を受け取った読者がその先を読みすすめながら、少しずつ納得度を高めていく型ともいえます。

　上記の例文でも、「②の理由→③の具体例」と読みすすめていくうちに、この本に対する興味がどんどん深まっていきます。

　とくに筆者の妻との関係を描いた③のパートでは、その実例のリアリティが功を奏して、思わず「読んでみたい！」と思った人もいるはずです。

POINT

結論優先フォーマットは、書き手にとっても、書きやすい型といえます。冒頭に結論を示すことで、文章に「背骨」ができるからです。書きながら「えーっと、今、何を書いているんだっけ？」と迷子になる心配がなくなります。

39 物語フォーマット

🌱 主人公が転機を経て、進化・成長していく

　読む人の興味を引きたいとき、心を動かしたいときは、「物語フォーマット」が有効です。

　小説、ドラマ、映画、演劇、漫画、童話、コント、落語、人物ドキュメンタリー番組……等々、人は物語が大好きです。物語には、人の興味・関心を引きつける吸引力があるのです。

① 挫　折
② 転　機
③ 成　長
④ 未　来

▶ **①挫折**

　中学1年生の春に、サッカークラブ「小雀FC」に入団しました。ところが、チームで一番背が低いうえに、パワーもスタミナもありませんでした。試合では、いつもベンチを温めていました。

▶ **②転機**

　そんな僕に自信を与えてくれたのが、新任の井上コーチでした。「おまえの武器は俊敏性だ。いいか、今日から死ぬ気でドリブル

を磨け」。そうアドバイスを受けた僕は、その言葉を信じて、来る日も来る日も、懸命にドリブルを練習しました。

▶③成長

　1年後、僕は、チームから必要とされる選手になっていました。ドリブルで敵陣に切り込んで得点をお膳立てし、幾度となくチームの勝利に貢献。地元メディアに取り上げられるまでになりました。

▶④未来

　来春にはサッカーの強豪校に進学します。目標はチームの中心選手として全国大会に出場すること。その夢を叶えるために、これからも自分の武器であるドリブルに磨きをかけていきたいです。

　物語フォーマットを使って書いた作文です。見事な成長の物語に、引き込まれた人もいるでしょう。

　①～④のなかでも、とくに重要なのが、①の「挫折」です。挫折からはじまる物語は、えてしておもしろいものです。小説や映画もそう。そのほとんどが、冒頭で主人公の挫折を描いています。

　リストラされる。離婚する。失恋する。いじめを受ける。借金を背負う。受験に失敗する。仕事でミスする。病気になる。冴えない。鬱々する。もやもやする。垢抜けない……などなど。物語の起点では、主人公が追い込まれた状況にいることが重要なのです。

　人間は誰しも、多かれ少なかれ、弱さや不全感を抱えています。それゆえ、追い込まれた状況にいる主人公に共感しやすいのです。

先ほどの作文にしても、書き手が、はじめから天才的なサッカー少年だった場合、あなたは共感したでしょうか？　もしかすると、抱く感情は「共感」ではなく、「反感」だったかもしれません。

　もちろん、挫折をした主人公が、その後、何も変化しないようだと、それはそれでおもしろくありません。追い込まれた主人公が、転機を経て、進化・成長していくから物語はおもしろいのです。

表5-1　物語は右肩上がりが基本

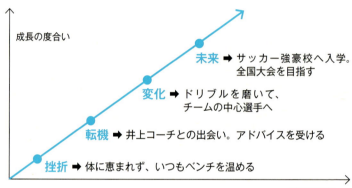

Facebookやブログのプロフィールに最適

　物語フォーマットには、特筆すべきメリット（以下①〜⑥）があります（先ほどの作文にも6つのメリットが含まれています）。

①興味・関心をもちやすい
②感情移入しやすい（共感しやすい）

③思いが伝わる（メッセージが光る）

④記憶に残りやすい

⑤人に伝えやすい（口コミされやすい）

⑥自分の言葉になる（オリジナリティ）

　なお、近年はフリーランスや個人事業主、中小企業の経営者などが、FacebookやブログなどのSNSにビジネスプロフィールを掲載するケースが増えています（企業サイトの「社長あいさつ」を含む）。そういうときにも、この物語フォーマットが使えます。

▶①挫折

　太り続ける体に歯止めをかけようと、25歳のときにはじめてダイエットに挑戦。75キロから40キロへの大減量に成功する。ところが、飲まず食わずの無理なダイエットがたたって、その後、頭痛とめまいが慢性化。筋肉も衰えて歩行困難になってしまう。

▶②転機

　このままでは死んでしまうかも……。そんな恐怖にかられて一念発起。管理栄養士の助言をもらいながら、ローフード（生の食材）中心の自炊生活へと食生活を改善。また、その後３年にわたって、基礎体力をつけるための運動も平行して行なった結果、ベスト体重をキープしながら、自分史上最高の健康体を手に入れることに成功した。

▶③成長

　29歳で渡米。ニューヨークで栄養学やファスティング法、ボ

ディマッサージなどを学びつつ、カウンセリングの技術も習得する。2016年3月に、ローフードと有酸素運動を交えた独自のダイエットプログラム「スリムッシュ」を開発して独立。迷えるダイエット難民やダイエット中毒者に、健康的にやせるノウハウを提供している。

▶④未来

　ミッションは、正しいダイエット法を広めて、「ピンコロ社会（ピンピン長生き、コロっと往生する人だらけの社会）」を作ること。2030年までに「生活習慣病ゼロ社会」を作ることを目標にしている。

　「現在の活動やミッション」が輝いて見えるのは、書き手自身がかつて抱えていた闇（挫折体験）が深いからにほかなりません。闇と光のコントラストが、物語フォーマットの真骨頂です。

🌱 ジェットコースター的な起伏を入れる

　最後に、簡易的な物語の作り方もお伝えします。ポイントは「ほんの少しの高低差」です。高低差を自在にコントロールできるようになると、ほんの数行で物語を書くことができるようになります。

　絶対間に合わないとあきらめていましたが、タクシー運転手の神業的な抜け道走行のおかげで、約束時間の1分前に到着できました。

この文章も立派な物語です。高低差は以下の通りです。

【低い】絶対に間に合わないとあきらめていた。
【高い】約束時間の1分前に到着できた。

> トップを確信して疑いませんでしたが、張り出された順位表を見て愕然としました。私の順位は4位。私以上の成績を収めた人が3人もいたのです。

【高い】トップを確信していた。
【低い】私の順位は4位。私以上の成績を収めた人が3人もいた。

もしも、この文章から「トップを確信していましたが」のくだりが省かれていたとしたら、書き手の落胆は、さほど感じられなかったはずです。「期待していた → 裏切られる」という高低差のなかに、書き手の落胆や失意が表現されているのです。

ちなみに、物語は「どこかにあるかもしれないもの」ではなく、書き手自身が「生み出すもの」です。生み出すためには、情報収集同様に、「物語のタネ」を拾うアンテナを張っておく必要があります。

たとえば、あなたの会社で新商品「オーガニックソープ」を発売したとします。その宣伝文には、どんな物語が使えそうでしょうか。

【物語のタネの候補】　商品へのこだわり・想い／商品コンセプト／ベネフィット（消費者が得る便益）／開発プロセス／商品名／技術力／デザイン／機能性／歴史や伝統／販売方法／価格

どのタネから物語を生み出すかは、書き手の腕の見せどころです。

> 原料には、ソープソムリエの佐伯和也が30年かけて探し出したマレーシア産の最高級ヴァージンココナッツオイルを使用。

高低差——30年かけて探し出した——をうまく使えば、「商品へのこだわり・想い」をこんなふうに（ドラマチックに）伝えることもできます。

前半のくだりがなく、ただ「最高級ヴァージンココナッツオイルを使用」と書かれていた場合との違いを感じてみてください。

POINT

人の感情は、理屈やデータなどの「客観的事実」だけでは動きにくいものです。しかし、そこに、ほんの少し「物語」のエッセンスを含ませるだけで、読む人の感情が驚くほど動きやすくなります。

40 列挙フォーマット

🌱 情報を枝分けして効果的な展開ができる

　伝えたい項目がいくつかあるときは、「列挙フォーマット」を活用しましょう。情報ごとの「枝」に分けて書くことによって、読む人が混乱しにくくなります。

① 全体像
② 列挙A
③ 列挙B
④ 列挙C
⑤ まとめ

▶①全体像
　「失敗しない本選び」のポイントは2つあります。

▶②列挙A
　1つ目が「ロングセラー本を選ぶ」です。
　いわゆる「ベストセラー本」は、「たまたま時流に乗った」というケースが珍しくないため、必ずしも良書とは限りません。
　一方、「ロングセラー本」は、歴史の風雪や淘汰に耐えながら

も、売れ続けています。多くの場合、そこには、時代に左右されない本質的な示唆が含まれているものです。

本の奥付（最後のページ）には、発行年月日や版数、刷数などが記載されています。「版数や刷数が多い＝たくさん売れている」です。書店で本を買うときはチェックしてみましょう。

▶③列挙B

2つ目が「感銘を受けた著者のお勧め本を選ぶ」です。

あなたが、ある本に感銘を受けた場合、その著者の価値観や感性が、あなたにフィットしている可能性があります。したがって、その著者が本のなかでお勧めしている、あるいは、好意的に引用している本も、あなたにとって良書である確率が"大"です。

▶④まとめ

以上の2つのポイントを押さえておけば、本選びに失敗しにくくなります。ぜひお役立てください。

①の「全体像」では、「ポイントは2つあります」「5つの危険性をお伝えします」「7つのコツを押さえておきましょう」──という具合に、この文章の全体像を簡潔に示します。

このとき、列挙の「数」を明記すると、読者が全体像をつかみやすくなります。「なるほど、ポイントは2つなのね」と把握した読者は、その先をラクに読みすすめることができます。

②以降は、それぞれの列挙パートを書いていき、最後にまとめを書けばOKです。この書き方であれば、必要なポイントだけを拾い読みすることもできるので、読者にもよろこばれます。

列挙パートの書き方は、先ほどのように「1つ目は〜／2つ目は〜／3つ目は〜」と流す書き方もあれば、「まずは／次に／さらに・そして・最後に」と流す書き方、「はじめに〜／続いて〜／最後に〜」と流す書き方などがあります。

▶ **①全体像**
　「ふっくらグリーンピースごはん」の作り方をご紹介します。手順は以下の3ステップです。

▶ **②列挙A**
　まずは、グリーンピースを「さや」から出して、塩小さじ1／2を加えた熱湯で軽く湯通しします。

▶ **③列挙B**
　次に、炊飯器にお米を入れて、その上からグリーンピースをちらします。

▶ **④列挙C**
　最後に、お酒大さじ1、しょうゆ小さじ1／2を混ぜたお水を入れて、普通に炊きます。

▶ **⑤まとめ**
　炊きあがったら、「ふっくらグリーンピースごはん」の出来上がりです。

このような手順説明も列挙フォーマットの一形態です。

「はじめに」の代わりに「最初に」、「続いて」の代わりに「次いで」を使ってもいいでしょう。

> ▶ **①全体像**
> 　部下と良好な関係を築くために、3つのことを心がけています。
>
> ▶ **②列挙A**
> 　第一に、部下がミスしたときに、頭ごなしに叱りつけない。
>
> ▶ **③列挙B**
> 　第二に、日ごろから積極的に感謝の言葉（ありがとう）を言う。
>
> ▶ **④列挙C**
> 　第三に、部下の前でカッコつけず、素の自分をさらけ出す。
>
> ▶ **⑤まとめ**
> 　この3つができる上司は、部下から愛されるはずです。

少し硬めの文章に仕上げたければ、このように「第一に〜／第二に〜／第三に〜」という書き方をしてもいいでしょう。

POINT
列挙フォーマットは、会議での発言やプレゼン、スピーチなどにも応用できます。使いこなせば、周囲から「文章もお話もわかりやすいですね」と高い評価を受けるはずです。

41 主張フォーマット

🌱 具体例に力を入れる

　何かしらの主張をしたいときは、「主張フォーマット」を活用します。自分の考えや意見を書くのが好きな人、社会批評的なブログを書いている人などにお勧めです。

| ① 主　張 |
| ② 理　由 |
| ③ 具体例 |
| ④ 予想される反論への対応 |
| ⑤ 再主張 |

▶ ①主張
　親は子どもに対して、否定的な言葉をかけないほうがいい。否定的な言葉とは「ダメじゃないの！」「バカなんだから！」「あなたにはムリ」などだ。

▶ ②理由
　なぜなら、事実・不実を見極める力がまだ乏しい子どもたちは、親の言葉をスポンジのように吸収してしまうからだ。

▶③具体例

ホメられれば「自分はできる人間なんだ」と自信をもち、けなされれば「自分はダメな人間なんだ」と自信を失う。

そう、肯定的、否定的を問わず、子どもにかける言葉は、そのまま子ども自身にとって「疑いようのない現実」となるのだ。

▶④予想される反論への対応

もちろん、すべての否定的な言葉を取り除くのは不可能だろう。とくに、その子の命に関わるような場合や、他人を傷つけてしまう恐れがある場面では、厳しく叱るような対応も必要だ。

▶⑤再主張

しかし、多くの場合、否定的な言葉は、かけないほうがいい。その証拠に、子どものときに親に言われた否定的な言葉に縛られて（その呪縛から抜け出せず）、苦労している大人がどれだけ多くいることか。"声がけ"をする親の責任は極めて重い。

不用意なひと言で、子どもたちの才能や可能性の芽を摘んでしまわないよう注意しなければいけない。

「①主張→②理由→③具体例」の流れは、結論優先フォーマットに似ています（「結論」が「主張」に変わっただけです）。

主張フォーマットでは、とくに③の「具体例」に力を入れる必要があります。理屈だけの主張は「机上の空論」「偏狭で頭でっかちな考え」「現実離れ」などと批判・揶揄されやすいからです。

主張フォーマットのもうひとつのポイントは、④の「予想される

反論への対応」です。

　主張には、反論がつき物です。④の「予想される反論への対応」に求められるのは、そうした反論者をねじ伏せる文章……ではなく、「反論があるのは重々承知しています」というニュアンス（共感寄り）の文章です。

　④をていねいに書くことで、書き手の「視野の広さ」と「懐の深さ」が伝わり、結果的に、読み手が主張を受け入れやすくなります。

　④の「予想される反論への対応」は、熱くなりすぎた書き手の気持ちを抑える役割も果たします。クールダウン効果です。主張する気持ちが強すぎて、読者に引かれてしまっては本末転倒です。

▶ **①主張**

　英会話で最も大切なことは、「英語のレベルの高さ」ではなく、「話す内容があること」ではないでしょうか。

▶ **②理由**

　いくら流暢に英語を話せても、あるいは語彙力が豊富でも、話す内容がなければ、他人とコミュニケーションは図れません。

　逆に、英語のレベルは低くても、話す内容がある人は、多少ぎこちなくても、何とか伝えてしまうものなのです。

▶ **③具体例**

　ある国際交流会の場で、それまでずっと黙っていた日本の女子高生が、話題が「日本の漫画」に移ったとたん、堰を切ったように、流暢な英語を話しはじめたことがありました。どうやら、その子は、熱烈な漫画ファンだったようなのです。これなどは「話

す内容があることの重要性」を示す証拠ではないでしょうか。

▶④予想される反論への対応

もちろん、「だから英語のレベルを上げる必要はない」などと言うつもりはありません。伝えたいことを誤解なく相手に伝えるためには、英語のレベルが高いに越したことはありません。むしろ、貪欲に磨きをかけていくべきでしょう。

▶⑤再主張

一方で、コミュニケーションの成否を分けるのは「話す内容の有無」だということを知っておいて損はありません。

結局、言語はツールにすぎないということ。英会話に磨きをかけている人は、この点を理解しておく必要があります。

④の「予想される反論への対応」では、「もちろん」以外にも「たしかに」という接続詞も使えます。

また、結論優先フォーマットでもお伝えしましたが、②の「理由」を書くときには「なぜなら」という接続詞が使えます。

さらに、⑤の「再主張」を書くときには「一方で」のほかに、「とはいえ」「しかし」「しかしながら」など、逆説の接続詞が使えます。

POINT
文章作成が苦手な人や文章が脱線しやすい人は、接続詞（200ページ参照）を道標に文章を作成してみましょう。

42 SNS紹介・宣伝フォーマット

必要なのは書き手の体験談

　SNSで何か——商品、サービス、お店、人など——を紹介・宣伝するときに使えるのが「SNS紹介・宣伝フォーマット」です。

　多くの人が、紹介・宣伝の文章を書くときに説明的な書き方をしがちです。

　しかし、SNS上の文章は、カタログやチラシの文章とは違います。必要なのは説明文ではなく、書き手の体験談です。

---

① 体験（不の提示）

② 紹介・宣伝対象との出合い（不の解消）

③ 紹介・宣伝対象の説明

④ まとめ

▶ ①体験（不の提示）

　20代までは、眼の乾きとは無縁でした。20時間近くパソコンで作業をしていても、眼に違和感を覚えたことはありませんでした。

　ところが最近は、ドライアイの症状がすすみ、2時間も画面を見ていると、眼がショボショボしたり、かすんだり、乾いたり、

目の奥が痛くなったりします。当然、集中力と作業効率が落ちて、
仕事の成果も上がりません。

▶②紹介・宣伝対象との出会い（不の解消）

どうしたものかと悩んでいたある日、同僚から「これ効くぞ」
と教えてもらったのが、目薬「うるジュワ」でした。

たいして期待していませんでしたが……この目薬の効果がとに
かくスゴかった！　乾いた眼に潤いが戻っただけでなく、その潤
いが３時間以上も続きました。おかげさまで、低空飛行だった仕
事の作業効率が急上昇しました。

▶③紹介・宣伝対象の説明

この目薬には、眼の表面のバリア機能維持と、涙液の安定化に
欠かせない涙液中の「ムチン（粘液）」を増加させる効果がある
そうで、それによって、ドライアイの症状が劇的に改善するとの
こと（理屈はよくわかりませんが、かなり画期的な目薬みたいで
す・笑）。

▶④まとめ

もしも、同じようなドライアイ症状で悩んでいる人がいたら、
ぜひ一度、「うるジュワ」で「おめめの潤い」をご体感あれ。

このフォーマットの肝は、「①体験（不の提示）→ ②紹介対象と
の出会い（不の解消）」の流れにあります。この流れがスムーズさ
を欠くと、読む人が違和感を抱きます（この段階で売り込み臭を漂
わすのはＮＧです。漂わすなら③以降で）。

ちなみに、「不」には以下のようなものがあります。

不安、不満、不快、不便、不具合、不平、不自由、不足、不良、不振、不信、不公平、不愉快、不明瞭、不健康、不全、不人気、不出来、不利益、不可解、不合格、不安定、不平等、不都合、不幸

先ほどの例文であれば、筆者が「目がショボショボしたり、かすんだり、乾いたり、目の奥が痛くなったり」という不快や不自由、そして「作業効率と集中力が落ちて、仕事の成果も上がりません」という不満や不都合を抱えていました。

そんな「不」だらけな筆者が、ひとつの点眼液との出会いをきっかけに、それらの「不」を解消したプロセスが書かれています。

このリアルな体験こそが、読む人の感情を揺さぶるのです。

くり返しになりますが、SNS上で紹介・宣伝の文章を書くときには、「説明文」ではなく、「体験談」を書かなければいけません。

③の「紹介・宣伝する対象の説明」は、体験談のあとに書けばOK。体験談に魅力を感じた人であれば、そのまま説明文も読んでくれるでしょう。

以下は、紹介・宣伝する対象別の構成例です。

---

①アトピーに悩んでいた（不快、不安）
②「おからパック」を使ってアトピーが治った（不の解消）
③「おからパック」の説明をする

①メタボで健康診断に引っかかった（不快、不安、不満、不便）

②「7ピースジム」に通って、メタボ解消！（不の解消）

③「7ピースジム」の説明をする

①パエリアの作り方がわからない（不便）

②料理サイト「楽っキング」を参考に、パエリアを作った（不の解消）

③料理サイト「楽っキング」の説明をする

①農薬や化学肥料による健康被害が怖い（不安・不満・不健康）

②農薬や化学肥料を使わない「有機野菜の宅配サービス.DEN」を利用するようになった。食害の不安がなくなった。

③「有機野菜の宅配サービス.DEN」の説明をする

①ホームページを立ち上げたが、アクセスが少ない（不足・不利益・不満）

②『ホームページにアクセスを集める方法』という本を読んで、ホームページに手を入れた。すると、アクセスが一気に増えた。

③『ホームページにアクセスを集める方法』の説明をする。

　SNSというのは、本来、商品やサービスを売り込む場所ではありません。交流や情報のやり取りを楽しむ場です。

　そういう場で、あからさまに紹介・宣伝とわかる文章を書いても、好意的な反応が得られないのは当然のこと。"場違い"だからです。

自然な口コミを発生させる

　一方で、「使ってみたら便利だった」「行ってみたら楽しかった」「食べてみたらおいしかった」という具合の体験談を書いて、その結果、商品やサービスが売れていく、あるいは、情報が拡散されていくのは、ごく自然な口コミです。

　この「自然な口コミ発生」こそが、SNS紹介・宣伝フォーマットが目指す理想のゴールです。

　「①負の提示→②負の解消」のプロセスに求められるのは「驚き」と「よろこび」です。どちらか一方のエッセンスが入っていると、より広く＆はやく拡散されやすくなります。

　似た意味で、体験談を書くときには、内容が重たくなりすぎないようにしましょう。"楽しむ場"であるSNSの特性上、トーンは「暗い」よりも「明るい」がベターです。話が重たくなりそうなときは、自虐ネタ（笑い）を交えるなどアプローチを工夫しましょう。

POINT

SNS上では「売り込みたい」「（商品やサービスの）説明をしたい」という色気が出たときこそ、その気持ちをグッと抑えて体験談を書きましょう。説明調の紹介文や宣伝文は、SNSにはなじみません。

43 もうひとつの文章フォーマット活用

🌱 型に忠実だけではいけない

　本章の最後にお伝えしたいのが、文章フォーマットの応用についてです。何かと使い勝手のいい「型」ですが、型に忠実に書いてさえいれば「うまい文章」になるかといえば、答はノーです。

●フォーマット活用にはアレンジ力も必要

　書きすすめるうちに、型を破りたくなったときは、破っても構いません。「型を破る＝型のアレンジ」ととらえましょう。

　型のアレンジは決して悪いことではありません。それどころか、100％の正解が存在しない文章作成においては、状況に応じて型を変形したり、ほかの型と組み合わせたりするアレンジ力が不可欠です。

　下記は型のアレンジ（型同士の組み合わせ）の一例です。

▶**物語フォーマットをアレンジする**
　➡「転機」のあとで「変化」へとすすまずに、もう一度別の「挫折」を書く

▶**結論優先フォーマットをアレンジする**
　➡ 途中の「具体例」のなかに列挙フォーマットの要素を混ぜる

野球の打撃にも、サッカーの蹴り方にも、基本（型）は存在します。しかし、基本がすべてではありません。

同じ大打者でも中田翔選手と山田哲人選手の打撃フォームは異なります。つまり、**基本を押さえながらも、自分なりにどう応用できるかが肝心**なのです。

文章作成にも、同じことがいえます。フォーマットを頼りにしながらも、状況に応じてアレンジできるスキルが求められます。

◉ 書きながらの「思考の変化」をヨシとする

第1章のメモの項目でもお伝えしましたが、人間の思考は、書きながらまとまっていくことが少なくありません。

書いている最中に、気づきを得たり、アイデアが生まれたり、考えが変化したり……。もっと言えば、書き手自身が、当初思い描いていたものとは正反対の意見や主張に着地することも珍しくありません。思考の活性化という点において「メモ書き」と「文章作成」に差はないのです。

たとえば、「日本人の長寿ぶりを礼賛しよう」と文章を書きはじめたものの、途中で「日本人は薬局や病院の利用率も高い」という現実に気づき、最後には「体に不調を抱えたまま長生きしても意味はない」という結論に着地するようなことも十分にあり得ます。

言うまでもなく、書きはじめる段階で、すべての思考（書くべき内容）が固まっているのが理想です。しかしながら、人間のアウトプットは、本質的に「流動性」を伴っています。つまり、書いているうちに「考えが変わること」は珍しくないのです。

それゆえ、書きながらの「思考が変化」を恐れないでください。「あって当然」の変化です。その前提に立って文章作成できれば、より深みや広がりのある文章が紡げるようになります。

もっとも、「思考の変化を恐れない＝ちぐはぐな文章でいい」ではありません。大切なのは「思考の変化」から導き出される、書き手なりの「答え（メッセージ）」を確実に伝えることです。

POINT

ときには「流動性」の力を借りて筆を走らせながら「うまい文章」を作り上げていくしたたかさも必要です。「型からの脱線」や「思考の変化」を必要以上に恐れないようにしましょう。

44 長文を作成するときは目次を作る

目次はプラモデルの説明書

「長文」を書くときには、フォーマット活用と平行して、書く前に目次を作るようにしましょう。目次とは「文章の内容（項目）を、書く順番に並べて記したもの」です。

目次を作らずに「長文」を書くのは、地図をもたずに旅に出るようなものです。道中で遭難・立ち往生してしまう恐れがあります。

仮に「なぜ、経営者にはランナーが多いのか？」というテーマの「長文」を書く場合、以下のような目次を作ります。

①ランニングにハマる経営者が増えたわけ
②ランニングで養成されるビジネス能力
③ランニングと「脳」の近くて深い関係
④生活習慣病予防にランニングが効く！
⑤経営者ランナーが目指すところ

①〜⑤の項目が文章作成時の目印になります。目次を作ると、断然、文章が書きやすくなります。「地図」を手に入れた状態です。

長めのブログ（3000文字程度）であれば、上記のように5つ程度の柱を用意しておけばOKです。

1万文字以上の長文を書く場合は、5つの柱では足りません。より細分化した目次が必要となります。

①**ランニングにハマる経営者が増えたわけ**

- ビジネス雑誌で組まれた「ランニング特集」
- いつでも、どこでも、気軽にできるスポーツ

②**ランニングで強化されるビジネス能力**

- 自己マネージメント能力の強化
- 目標達成能力の強化
- 主体性と耐久力の強化

③**「ランニング」と「脳」の近くて深い関係**

- 走ると前頭前野が活性化する
- 記憶力と発想力が鍛えられる

④**生活習慣病予防にランニングが効く！**

- ダイエット効果＆脱・メタボ
- 血液促進と心肺機能の向上
- 食習慣の変化

⑤**経営者ランナーが目指すところ**

- 「感謝の心」が経営に与える最高のギフト

　これくらい入念に目次を用意しておけば、書きはじめるときに「何を書けばいいのかな？」と途方に暮れることも、道中で「何を書いているんだっけ？」と迷うこともないはずです。

　もうひとつ強調したいのが、目次は、文章作成過程の「目印」という役割のみならず、それ自体がすでに「文章の卵である」という点です。事実、目次のひと項目ずつをふくらます気持ちで書いていくと、筋道が明確で、かつ体系化された文章が完成します。

　逆にいえば、目次がちぐはぐの場合、作成する文章もちぐはぐになりかねません。「たかが目次」と気を抜かないようにしましょう。

第6章

〈番外編〉
SNSで使える文章術

45 「貢献文章」で愛読を勝ち取る

🌱 読む人の知的好奇心を満たす

「この人の文章をまた読みたい」と思ってもらうには、第1章でお伝えした通り、「読む人に貢献をすること」が大事です。

「貢献」を難しく考える必要はありません。その種類はバラエティに富んでいます。

【貢献の種類】 知的好奇心を満たす／楽しませる／よろこばせる／癒す／ホッとさせる／元気（勇気）づける／感動させる／驚かせる／（読者の）気持ちを代弁する／（読む人の）○○な欲求を満たす

「この人の書く文章には、いつも学びがあるなあ」「いつもおもしろい（楽しい）なあ」「いつも感動するなあ」「いつも共感しちゃうなあ」「いつも鋭い（深い）なあ」「いつも愛があるなあ」「この人の人柄（考え方）が好きだなあ」──という反応を読者からもらえていれば、「貢献の文章」が書けている証拠です。

数ある貢献のなかでも、強く意識しておきたいのが「知的好奇心を満たす」です。読む人が「知らない情報」を盛り込むのです。

「新しい○○の情報」でも「使える○○のノウハウ」でも「知る人ぞ知るニュース」でも「常識外のモノの考え方」でも構いません。知的好奇心が満たされたとき、読者は「この人の文章には価値があ

る」、つまり、「また読みたい」と思ってくれるのです。

「貢献の文章」を書き続けるためには、人間なら誰しももっている「欲求」を把握しておくことも重要です。

【人間の欲求の種類】 得したい／損したくない／不満・不安・ストレスを解消したい／便利になりたい／気持ちよくなりたい／時間をかけたくない（ムダを省きたい）／努力したくない（ラクしたい）／痛みや悩みから開放されたい／優越感に浸りたい／成長したい／仲間になりたい／笑いたい／楽しみたい／勇気（元気）をもらいたい／刺激がほしい／若返りたい・美しくいたい／SEXしたい

ターゲットとなる読者の欲求がつかめていれば、「貢献の文章」が書きやすくなります。

読者の欲求：もっと余裕をもって仕事をしたい
貢献の文章：仕事効率を高める時間管理ノウハウを書く

読者の欲求：おいしいスイーツを食べたい
貢献の文章：コンビニで新発売されたスイーツ情報を書く

①読む人の欲求を把握→②欲求を満たす記事を書く。このプロセスが「貢献の文章」で愛読を勝ち取る秘訣です。

POINT
SNS上では、読者が「また読みたい」と思う記事を書いて、少しずつ読者の信頼を勝ち取っていきましょう。

46 自分の言葉で書く

🌱 書き手自身の体験を絡めると「自分の言葉」は作られる

世の中には「借り物の言葉」が氾濫しています。

「コピペの言葉」「使い古された言葉」「手垢のついた言葉」なども同様の意味です。どこかで聞いたような、誰かが言っていそうな、言いまわし、表現、考え方、主張……などなど。読む人の心に、まったく響きません。

一方で、**私たちの心が動くのは、書き手自身のなかから湧き上がってきた「自分の言葉」で書かれた文章に出逢ったときです。**

原文　　佐藤さんとお話できて光栄でした。

修正文　憧れ続けてきた佐藤さんとお話できて、猛烈にやる気がわいてきました。

書き手のよろこびが伝わってくるのは修正文です。「憧れ続けてきた」や「猛烈にやる気がわいてきました」という素直な表現が、読む人の心に刺さります。

原文　　手に汗握る展開でした。

修正文 　手に汗握る展開に、奥歯をグっと噛みしめていたら、上映後にアゴが筋肉痛になっていました（笑）。

　「手に汗握る展開でした」で終わらせた原文を読んでも、ほとんど感情は動きません。「借り物の言葉」だからでしょう。
　一方、書き手自身の体験を書いた修正文であれば、読者は、その文章の世界に引き込まれます。なぜなら、自分の体験を書くとき、その言葉は、まぎれもなくその人自身のものだからです。
　そう、**書き手自身の体験を絡めることによって、おのずと「自分の言葉」は作られていくのです。**

原文 　金子みすゞさんの詩『私と小鳥と鈴と』のなかに出てくる一節「みんなちがって、みんないい」というフレーズに感銘を受けました。

修正文 　母親から「あんたは勉強ができないダメな子だ」と言われて育った私は、金子みすゞさんの詩『私と小鳥と鈴と』のなかに出てくる一節「みんなちがって、みんないい」に救われました。
　あの詩を読んだときに、はじめて「自分は生きていていいんだ」と思えたのです。気づくと私は号泣していました。

　原文の「感銘」には、「深い感動」という意味があるだけで、それ以上に具体的な情報を含んでいません。「自分の言葉」になりきれていない文章です。
　「自分の言葉」にするためには、「どう感銘を受けたのか？」「なぜ感銘を受けたのか？」などの問いに、答えていかなくてはいけま

第6章　〈番外編〉▼SNSで使える文章術

せん。

　それらの問いに答えて、「感銘」の正体を明らかにしたのが修正文です。修正文には「感銘」という言葉は使われていませんが、書かれているのは「感銘」そのものです。受ける印象が原文と大きく異なるのは、そのためです。

🌱「濃い体験」を書かないことは罪

原文　　20キロ・ウォーキング大会に出場。息子と一緒に完歩できてうれしかった。

修正文　　先日、20キロ・ウォーキング大会に出場した。ただのウォーキングではなかった。退院したばかりの息子を連れ立って出場したのだ。息子の体力を考えれば5キロも歩けば万々歳であったが、息子は、たどたどしい足取りながらも、ひと言も弱音を張らず、歩き続けた。ときに「パパ、がんばれ！」と私のお尻を叩きながら。出場者中、最下位でゴールした瞬間、私は息子のことを強く抱きしめた。

　修正文のほうが、書き手のよろこびが圧倒的に伝わってきます。これほど濃い体験を書かないのは……私に言わせれば"罪"です。

原文　　今日の東京は、この夏一番の猛暑に襲われた。

修正文1　　今日の東京は、この夏一番の猛暑に襲われた。コンビニを往復した10分間に、着ていたTシャツが汗でぐしょぐしょにな

48 全員に好かれようとしない

🌱 八方美人はつまらない

前ページでお伝えした「正しいことを書こうとしない」という話の続きとして、もうひとつお伝えしておきたいことがあります。

それは、「**全員に好かれようとしない**」ということです。

とくにSNS上で個人的な文章を書くときには、この意識を強くもつ必要があります。なぜかというと、全員に好かれようとすると、文章がつまらなくなりがちだからです。全員に好かれようと思ったら、「当り障りのない文章」を書くよりほかなくなります。

本書では、くり返し「読む人に貢献をすること」の重要性を伝えてきました。しかし、「読む人に貢献すること」は「全員に好かれようとすること」とは似て非なるものです。
前者の意識の矢印は"相手"に向いていますが、後者の意識の矢印は"自分"に向いています。それは貢献とはほど遠いものです。

🌱 批判を恐れない

どんなにタメになる文章（記事）を書いても、反感をもつ人や、批判的な目で読む人は、一定数出てきてしまうもの。これは仕方の

でしょう。あるいは、必要以上に反論を恐れているか。いずれにしても、自分の気持ちを偽っていることに変わりはありません。

罪深いのは、「書き手の素直な意見・感想だと思って文章を読まされている読者がいること」です。

もっとも、こういう文章には気持ちが注入されていませんし、そもそも貢献の精神も宿っていません。遅かれはやかれ、読者もその不誠実さを見透かすでしょう。書き手としての信用失墜です。

あなたの感想や意見で、読む人にどうよろこんでもらうか

言うまでもありませんが、読む人に貢献する文章とは、「一般論や大衆に迎合すること」ではありません。

そうではなく、あなたの素直な感想や意見をもってして、読む人にどうよろこんでもらうか。その一点に貢献の真価はあるのです。

●中学校の教師がハレンチな事件を起したというニュースを見た
➡「聖職者なのにけしからん！」という趣旨の文章を書く

①や②に支配されている人のなかには、このような文章をすすんで書く人もいます。誰も反論できない高い位置から「いかにも」な正論を語りたがるのです。ニュースに便乗して加害者を批判しておけば、少なくとも（自分たちが思う）「正しいこと」から外れることはありません。だから、書きやすいのでしょう。

なにも、「聖職者なのにけしからん！」という文章を書くのがいけない、といっているのではありません。くり返しになりますが、その文章の裏に潜んでいるマインド（①や②）が問題なのです。

47 正しいことを書こうとしない

🌱 自分のなかの思い込みは捨てていく

「自分の言葉」で書けない人のなかには、そもそも自分の気持ちに自分でブレーキをかけてしまっている人もいます。

こういう人たちに共通しているマインドが以下の2つです。

①正しいことを書かなくてはいけない
②自分の感想や意見を書いてはいけない

どちらも強烈な思い込み、あるいは、刷り込みです。

こうしたマインドに支配されるようになった背景には、横並び意識をあおる日本の学校教育や、「自分の気持ちは抑えるのが美徳」と考える日本文化の影響があるのでしょう。

いずれにしても、この手のマインドに支配されている人は、自分を支配するマインドの存在を自覚したうえで、その一切合切を手放さなければいけません。そうでなければ、一生涯、以下のようなプロセスで文章を書き続けることになってしまいます。

●映画『スター・ウォーズ』を観賞 ➡ おもしろくなかった ➡ でも、世の中で人気があるから「まあまあおもしろかった」と書く。

映画の感想に「ひとつの正しい答えがある」と思い込んでいるの

った。

今日の東京は、この夏一番の猛暑に襲われた。高熱のアスファルトに耐え切れなくなったのか、散歩中の子犬が「クゥ〜ン」と泣きそうな声を出しながら、ベンチの上に駆け上がった。

今日の東京は、この夏一番の猛暑に襲われた。受け取ったソフトクリームが、すぐさま液体に変わってポタポタと地面に落ちはじめた。

具体的な体験を絡めた修正文1〜3を読んだ人は、まるで自分の身に起きた出来事のように、「尋常ではない暑さ」を追体験します。状況を説明しただけの原文では、読み手の追体験は起きません。

SNS上で文章を書くときには、なおのこと「自分の言葉」を大切にしなければいけません。SNSは「自分メディア」だからです。

「説明的な文章では物足りない」「体験を書かずにはいられない」——そんな感覚が身につけばシメたものです。

POINT
情報収集のアンテナ同様（18ページ参照）、日ごろから体験のアンテナを張っておくことも大切です。アンテナが張られていれば、日常のちょっとしたひとコマが、文章を書くときの貴重なネタになることに気づきやすくなります。

ないことです。それどころか、インパクトのある内容であればあるほど、「よろこんでくれる人」が増える反面、「反感をもつ人」も増えます。

最もよくないのは、このような状況になったときに、「反感をもつ人」の声に耳を傾けてしまうことです。

① 一部の人に強い反感をもたれた ➡ まずい。次は、その人たちに反感をもたれないような文章（記事）を書こう

② 一部の人に強い反感をもたれた ➡ 一方で、たくさんの人がよろこんでくれた。よし、次も、今回よろこんでくれた人をよろこばせよう

私たちが選ぶべきは、①ではなく、②です。

芸能人でも、人気のある人ほど"アンチファン"も多いものです。"光"が強ければ"影"も強くなる。これが世の常です。"影"を弱めようとすると、当然"光"も弱まります。すると、アンチもいなくなりますが、熱烈なファンもいなくなります。

文章もまったく同じです。設定したターゲットの多くが「よろこんでいる」のであれば、その評価を大事にするべきです。

POINT

「アンチ」が出現したら、何はさておきよろこびましょう。なぜなら、アンチの裏には、その何倍ものファンが存在するからです。目を向けるべきは、"影"ではなく"光"です。

49 勇気をもって断言する

🌱 断言した言葉は相手の心に刺さる

①本書は「何を書けばいいかわからない人」の悩みを解消したうえで、すべての人を"文章の達人"へと導きます。

②本書は、それが実際にできるかどうか別にしても、「何を書けばいいかわからない人」の悩みを解消するつもりで書きました。すべての人を"文章の達人"へと導ければいいと思います。

①と②が、本書の解説文だったとします。あなたが「この本を買いたい」という気持ちになるのは、どちらの文章でしょうか。

おそらく、断言調で書かれた①ではないでしょうか。**断言した言葉には、読者の心を揺さぶる強さと鋭さがあるのです。**

一方の②は、弱腰と言わざるを得ません。「できるかどうかはわ̇か̇り̇ま̇せ̇ん̇が̇」「解消するつ̇も̇り̇で̇」「いいと思̇い̇ま̇す̇」など、そこかしこに逃げ道を用意した「保身の文章」です。

「正直なところ、本書が、あなたのお役に立つのかどうなのか……よくわかりません。読むなら自己責任でどうぞ。くれぐれも私に責任をなすりつけないように」と言っているようなものです。読者を小バカにした文章ともいえます。

もちろん、世の中に100％断言できることなど、ほとんどありません。ゆえに、「確実に」「必ず」「絶対に」「間違いなく」などの言葉を乱発している文章は疑わしくも感じられます。
　また、当り障りのない表現や、遠まわしに物事を表現する婉曲表現が、文章を書くうえで不可欠であることもたしかです。
　しかし、書き手のなかに、本当に伝えたいメッセージ——考え、意見、提案、主張など——があるときは、そうした「言わずもがなの現実」を承知のうえで、あえて断言する必要があります。
　少なくとも、火の粉が降りかからない安全地帯にわが身を置きながら、メッセージを届けようと考えるのは、都合がよすぎます。

　その点、勇気をもって断言する効果は絶大です。
　読者の（おもに好意的な）反応が増えるほか、そうした反応が書き手の自信となり、断言することへの遠慮や恐れが薄まります。そうなると、文章を書くことが楽しくて仕方なくなります。

　まれに反感を買うこともありますが、それは、断言調の文章についてまわる副作用のようなものです。
　むしろ、恐れるべきは、弱腰な文章を書いたときの読者の「無関心」です。無関心は、読者の感情を動かすことができなかった"ザンネンな文章"の印にほかなりません。

POINT

言うまでもありませんが、勇気をもって断言することと、傲慢になることは似て非なるものです。断言する強さをもちながらも、読者に貢献する意識を忘れないようにしましょう。

50 五感を書く

🌱 その場の情景や自身の体感を リアルに伝えることができる

「自分の体験」や「身のまわりのエピソード」を書くときには、五感を書くテクニックが有効です。五感を書くと、その場の情景や自身の体感をリアルに伝えることができるからです。

五感とは人間が備える感覚のことで、視覚、聴覚、嗅覚、味覚、触覚の5つがあります。

● 視覚

五感のなかで、最も書きやすいのが視覚です。ただ「にんじん」と書くよりも、「夕陽を思わせる濃いオレンジ色のにんじん」と書くほうが、より鮮明な「絵」として伝わります。

▶ **身につけているセーターは、毛玉だらけで形も崩れ気味**だ。

▶ **破裂寸前までパンパンにふくらんだ財布**だった。

▶ **その赤茶けた岩山は、地面の裏側から刃物で刺したかのように鋭く尖っていた**。ロッククライマーでも攻略は難しそうだ。

● 聴覚

聴覚を書くときは、オノマトペ（179ページ参照）を用いると臨

場感が際立ちます。「お腹がすいた」よりも、「お腹がグ〜とたっぷり３秒ほど鳴った」と書くほうが、場合によってはリアリティが増します。なお、広義には会話文も聴覚描写のひとつです。

▶夜明けまであと５分。示し合わせたかのように小鳥たちがチュンチュンと激しくさえずりはじめた。自然界のリズムは偉大だ。

▶ギターを弾きはじめると、シャリっという鉄弦の鋭い音色とブーンという豊かな胴鳴りが相まって、ライブ会場の空気が一変した。

▶夫の「うぐっ、やめたまえ」という、わけのわからない寝言を耳にして、私は思わずプっと吹き出した。

◉嗅覚
　五感のなかでも、とくに「記憶」や「感情」に直結しているといわれているのが嗅覚です。「匂いの描写→思い出」「匂いの描写→気持ち」の順で書くと効果倍増。読む人の共感を誘いやすくなります。

▶２年ぶりの実家。焼きたてベーコンの香ばしい匂いで目が覚める。

▶すれ違いざまに、彼女の匂いをキャッチした。ココナッツのような甘い香り。この子と話がしたい、と僕は直感的に思った。

▶窓のすき間から忍び込んできた金木犀の香り。今度の週末に衣替えをしよう、と思った。

第６章　〈番外編〉▼SNSで使える文章術

●味覚

　味覚の描写は「甘い」「辛い」「酸っぱい」「苦い」「渋い」「しょっぱい」などの味表現をベースに、触感の描写（こしがある／とろける／サクサク等）や、温度の描写（ほくほく／キンキンに冷えた／ぬるい等）を交えて、リアリティを高めていきます。

▶レモンの酸味とチーズの甘みが、口のなかで同時に広がった。

▶カリっと硬めの歯ごたえと、香ばしくもまろやかな苦味。これぞ、ザ・アーモンドと呼ぶにふさわしい。

▶その小籠包を噛んだ瞬間に、ジューシーな肉汁がじゅわ～っと溢れ出した。

●触感

　皮膚感覚だけでなく、腕、脚、腰、腹、頭……など、からだ全体、あるいは、からだの一部で感じたことも表現できれば及第点です。

▶シルクのようにすべすべとしたワンピースだ。

▶握りしめた手のひらが温かさを飛び越えて熱かったので、思わずビクっとしてしまいました。

▶30キロ過ぎから、鉛の足かせでもつけられたように脚が重くなり、ついには歩くのと同じくらいまでスピードが落ちた。

仮に、あなたが、名湯として知られている万座温泉に出かけたとします。五感を使って、どのようなレビューが書けそうでしょうか。

視覚：お湯の色（乳白色）、細かい湯の花（白）が混入／石造りの
　　　露天風呂／露天風呂から見える絶景（山肌が紅葉に染まる）
聴覚：お湯が流れ出る音／小鳥のさえずり／軽やかな葉擦れの音
嗅覚：腐れた卵のような強い硫黄の匂い
味覚：やや渋みのある鉄っぽい味
触覚：肌がぬるぬる／傷や炎症部はピリピリ／湯温（熱め）

①**乳白色の美しいお湯とは裏腹に、鼻から脳に昇ってきたのは、腐れた卵のような強烈な硫黄の匂い。そのコントラストに、温泉好きの私のテンションは一気に上がりました（これぞ名湯！）。**

②**皮膚炎を患う首筋がピリピリっと鋭い痛みに襲われて、思わず私は「ううっ」とくぐもった声を出してしまいました。名湯の出迎えは、なかなか手荒い。**

①は視覚（お湯の色）と嗅覚（硫黄の匂い）、②は触感（皮膚の痛み）で書きました。「万座温泉の泉質は酸性硫黄泉で〜」とありがちな説明をするよりも、読者に興味をもたれやすくなります。

POINT

「神は細部に宿る」といいます。「五感描写＝細部描写」にほかなりません。五感描写の腕が上がると、文章のリアリティが増して、読む人の気持ちを引き込みやすくなります。

第6章　〈番外編〉▼SNSで使える文章術

51 「たとえ」を使う

🌱 たとえを作るポイントは「共通点探し」

　たとえ上手は、文章上手です。なぜなら、たとえは、読む人にわかりやすく届けたいという「貢献の意識」にほかならないからです。

　伝え方が難しいと感じたときや、誤解を招きそうな予感がするときには、「何かいいたとえはないかな？」と考えましょう。

> **いくらスイングがきれいでも、クラブの握り方がおかしいと、ゴルフボールはまっすぐ飛びません。同じことが、経営にもいえます。経営における「クラブの握り方」とは、「経営方針」にほかなりません。ここを間違えると、どんな経営もうまくいきません。**

　小難しい経営論をバカまじめに語るのではなく、ゴルフのたとえを用いて、わかりやすく説明しています。

> **彼女にとって、言葉とは刀のようなものだ。ときに彼女は、その刀を抜いて、倒錯した社会に鋭く切り込む。**

　「言葉」を「刀」にたとえることで、「彼女」の鋭い舌鋒ぶりが、ダイナミックに伝わってきます。

> **学力だけで子どもを評価するのは、燃費だけでクルマを評価する**

ようなものです。

「たしかに！」と思わず膝を打ちたくなるたとえです。

　2人の部長の交渉スタイルは対極にあります。佐藤部長は、荒れ球をうまく使いながら、最後はど真ん中の速球で「三振を狙う」タイプ。一方の山田部長は、球速こそないものの、針の穴を通すようなコントロールで「打たせて取る」タイプだ。

　2人の異なる交渉スタイルを、野球の投球術にたとえました。たとえを使うと、読み物としてのおもしろみも増します。

　たとえを作るポイントは「共通点探し」にあります。

表6-1　たとえの作り方（共通点探し）

テーマ	共通点	たとえる先
人間のバイオリズム	春夏秋冬	季節
受験勉強	戦略と戦術が大事	サッカー
プレゼンテーション	枕（話の前置き）が大事	落語
生命	限りがある	ロウソクの炎
なぐさめる	対処療法	薬
強い責任感	パンクするリスクが大きい	過積載のトラック
新規ビジネス	離陸するまでにパワーを要する	飛行機
恋愛	冷静な判断を欠く	ギャンブル

テーマが「恋愛」であれば、まず、「恋愛の特徴とは何だろう？」と自問して「冷静な判断を欠くこと」と、自分なりの答えを出します。この答え（特徴）が、たとえる先との「共通点」になります。

次に、その答え（特徴）から「たとえる先」を見つけ出します。「恋愛」であれば、「恋愛以外にどんな『冷静な判断を欠く』ものがあるだろうか？」と自問をします。

その問いに対する答えが「たとえる先」になります。「たとえる先」はできる限りわかりやすいものを選びます。そうでないと、たとえたら余計にわかりにくくなった……となりかねません。

「恋愛」とは「ギャンブル」のようなものではないでしょうか。多くの場合、冷静な判断を欠いて、最後は痛い目にあうのです。

もちろん、「たとえる先」の候補は、「ギャンブル」以外にも、いろいろと考えられます（例：結婚披露宴にかける費用／タチの悪いドラッグ）。

同じく「共通点」についても、「冷静な判断を欠く」以外にも、さまざまな候補が考えらます（例：自分磨き／エゴとエゴのぶつかり合い）。

ぜひ、あなたも表6-1を参考に、いろいろな言葉のたとえを考えてみてください。

わかりやすくたとえると、読み手の理解度が高まる

言葉や数字が漠然としているときにも「たとえ」は有効です。この場合は、先ほどのような共通点探しではなく、「言葉の置き換え」

で対応します。

---

①**広大な敷地を誇る牧場**だ

②**約 50 ヘクタールもある牧場**だ

③**東京ドーム 10 個分以上の敷地を誇る牧場**だ

---

　①の「広大」が漠然としていたため、②のように「約 50 ヘクタール」に置き換えました。ところが、約 50 ヘクタールでもピンとこない方がほとんどでしょう。

　そのため、③では、さらに「東京ドーム 10 個分以上」という表現に置き換えました。①や②よりも、広さをイメージしやすくなりました。

①**550 キロも自転車で走った**

②**東京〜大阪に相当する距離を自転車で走った**

①**あまりの辛さに、体が熱くなった**

②**あまりの辛さに、全身から噴水のように汗が吹き出した**

①**いつもは優しいが、仕事現場では厳しい**

②**いつも「仏様」のようだが、仕事現場では「鬼」と化す**

①**左遷されたストレスは、あまりに大きかった**

②**左遷されたストレスで、白髪が 100 本は増えた**

　頭に入ってきやすいのは、いずれも②ではないでしょうか。わか

第6章

〈番外編〉▼ SNSで使える文章術

りやすくたとえる（言葉を置き換える）工夫を凝らすと、読み手に理解してもらいやすくなります。

POINT
下記は「たとえる先」として好ましい（使えそうな）リストの一例です。周囲に目を向ければ、「たとえる先」は山ほど存在します。日ごろからアンテナを張って、たとえるスキルに磨きをかけていきましょう。

スポーツ全般（ランニング、野球、サッカー、テニス、水泳、ゴルフなど）／料理（食材、調理法、味付け、盛り付けなど）／クルマ（アクセル、ブレーキ、走行距離、スピードなど）／飛行機（離着陸など）／電車／自然（空模様、海や波、四季、天災など）／お金／政治／病気／体の部位／服装／パソコンやスマホ／旅／貯金／投資／ギャンブル／映画／音楽／小説／マンガ／美術／建築物／睡眠／勉強／ゲーム／習慣／ダイエット／ペット・動物／宝くじ

52 オノマトペを使う

擬音語や擬態語を効果的に使用する

文章を読んだ人の頭のなかで、パッと映像(場面)が思い浮かぶ。そんな文章を書けたらいいと思いませんか?

「言葉」で書いて「映像」で届ける。

この書き方できると、読む人が理解しやすくなります。

「映像」で届ける方法のひとつに、「オノマトペ」の活用があります。「オノマトペ」とは、擬音語や擬態語のことです。

●擬音語:物が発する音や声を描写した言葉のこと
  例➡ガタガタ、ドッカーン、キャンキャン、ガチャ、ドドドッ

●擬態語:状態や心情、様子など、音のしないものを音として描写した言葉のこと
  例➡そわそわ、イライラ、びくびく、とぼとぼ、しくしく

以下の①よりも②のほうが「映像」として伝わります。

①お肌がきれい ②お肌がツヤツヤしている

①感動がこみ上げてきた ②ジワっと感動がこみ上げてきた

①二日酔いで頭が痛い　②二日酔いで頭がガンガンする

①凍結した道で滑った　②凍結した道でツルっと滑った

①足が痺れて立ち上がれない　②足がジンジンして立ち上がれない

①そばをすする　②ズズズっとそばをすする

①キーボードを連打する　②キーボードをカタカタッと連打する

オノマトペは救世主

「文章にすれば、相手にすべて伝わるだろう」と考えるのは大きな間違いです。世の中には、文章（文字言語）を理解するのが苦手な人も少なくありません。そういう人にとって、映像として受け取れるオノマトペは救世主のような存在です。

「ワクワクが止まらない」「ブルブル震える」など、オノマトペには、使い勝手のいい――お約束的な――表現も少なくありませんが、使い勝手以上に大事なのは、読む人にリアルな「映像」として届けるために最適なオノマトペを選ぶ力（考え出す力）です。

たとえば、蝉の鳴き声というと、多くの人が「ミーンミーン」と書きますが、蝉の鳴き声がけたたましければ、「メンメンメン」や「ジージー」「ギュンギュン」などが適している場合もあるでしょう。

書き手が感じたままを言葉に変換して、なおかつ読む人の共感を得られるようなら、それは、理想のオノマトペといえます。

53 モノローグを挿入する

🌱 小説家になった気分で「独り言」を入れる

　文中に「モノローグ」を挿入すると、活き活きとした場面描写が可能になります。モノローグとは、簡単にいえば「独り言」のこと。

　通常の文章よりも、書き手の気持ちがダイレクトに伝わるため、読む人が共感や感情移入をしやすくなります。

原文
　鏡を見る。あまりに顔がむくんでいたので、思わずため息をついた。

修正文1
　鏡を見る。あまりに顔がむくんでいたので、「やれやれ」と思わずため息をついた。

　「やれやれ」というモノローグを挿入することで、書き手の落胆ぶりが、臨場感を伴って伝わってきます。

修正文2
　鏡を見る。あまりに顔がむくんでいたので、「やれやれ、これじゃアンパンマンじゃないか」と思わずため息をついた。

　さらに「これじゃアンパンマンじゃないか」というモノローグも付け加えてみました。「むくんだ顔」を「アンパンマン」とたとえるユーモアが功を奏して、書き手の人柄がより鮮明になりました。

原文 　「合格」の文字を見つけた瞬間、両手でガッツポーズを作りました。

修正文 　「合格」の文字を見つけた瞬間、「よっしゃー、夢が叶った！」と両手でガッツポーズを作りました。

原文 　彼女が OK してくれたことが信じられず、自分の頬をつねりました。

修正文 　彼女が OK してくれたことが信じられず、「えっ、ホントか？」と自分の頬をつねりました。

　臨場感が高いのは、いずれも、原文よりも修正文のほうです。

　多くの人が、実際に口に出した言葉でなければカギ括弧は使ってはいけない、と思い込んでいますが、そんなルールは存在しません。
　むしろ、カギ括弧のメリットは、感じたことや心の声（本音を含む）も表現できてしまう点にあります。とくに SNS で個人的な日記やエッセイ的な文章を書くときなどに有効です。

POINT

　カギ括弧内の言葉は、多少誇張して書くくらいが「ちょうどいいサジ加減」です。やや盛り気味で OK。妙な「照れ」や「謙遜」、あるいは、あまりにマジメに書きすぎると、モノローグの効果が発揮されにくくなるので注意しましょう。

54 会話文を挿入する

🌱 目の前で演劇を見ているような臨場感を演出できる

　読み手の興味を引くためには、「モノローグ（独り言）」同様に、複数人による会話文を挿入する方法も有効です。
　登場人物の人柄や感情が浮き彫りになるほか、「会話＝イメージしやすい」ため、読む人の理解度も高まります。

原文
　今日中に宿題を終わらせる気満々の健太とは対照的に、はやくも満夫はあきらめている様子だ。

修正文
　「よし、今日中にこの宿題を終わらせるぜ！」と息巻く健太に向かって、満夫が驚いた表情で「マジかよ？　オレはあきらめるよ」と言った。

　会話文を活用した修正文には、目の前で演劇を見ているような臨場感があります。健太と満夫、それぞれの人柄や考え方もよく伝わってきます。

原文
　今年で70歳になる私の母が、車をエコカーに替えたとはしゃいでいる。「もみじマーク」をプレゼントしようかと提案したが、年寄り扱いされたくないらしく、けんもほろろに却下された。

修正文

　「ねえ、聞いて、聞いて！　車をエコカーに買い替えたのよ！」。そうはしゃぐのは、今年で70歳になる私の母だ。
　「お祝いに『もみじマーク』をプレゼントしようか？」と提案したが、「年寄り扱いする気かい？」と、けんもほろろに却下された。

　会話文を用いた修正文のほうが、お母さんの若々しくて好奇心旺盛な人柄がよく伝わってきます。
　実際に口にした言葉を一語一句正しく書こうとすると、かえって伝わらない文章になってしまうことがあります。
　仮に、息子から提案を受けたときに、お母さんが口にした言葉が「そんなのいらないよ」だったとします。しかし、この言葉を馬鹿正直に書いては、お母さんの心情が正確に伝わりません。
　なぜなら、「そんなのいらないよ」と言ったとき、お母さんは、冗談めかして息子を睨んでいたからです。
　修正文では、「年寄り扱いする気かい？」という言葉を選びました。この表現のほうが、お母さんの心情が的確に表現されているうえ、やや強気でユーモラスなお母さんの人柄も伝わってきます。
　発言の本質を伝えるためには、ときに事実をデフォルメして意訳することも大切です。「本質を伝えるための"愛ある脚色"は大歓迎」と肝に銘じておきましょう。

POINT

もちろん、「会話文＝万能」ではありません。狙いもなく多用すると安直な印象を与えたり、リズムを崩したりすることもあります。状況を見極めながら使いましょう。

55 「エモーション×ロジック」で読む人の心を動かす

🌱 情動と論理、どちらかひとつでは不十分

　SNS上で個人的な文章を書くときには、エモーション（情動）とロジック（論理）を意識する必要があります。

　突然ですが、政治家のスピーチを例に挙げましょう。

淡々と論理的に話をする政治家A氏

知識も豊富で理屈も通っています。
ところが、聴衆の感情がまったく動きません。
ロボットが話をしているかのようで、人間味が感じられません。

力強く情熱的に話をする政治家B氏

語り口が熱く、ひしひしと志が伝わってきます。
しかし、残念なことに説得力がありません。
根拠や論理性に乏しく、まるで「絵に描いた餅」のようです。

　A氏にあってB氏に欠けているものが「ロジック」で、B氏にあってA氏に欠けているものが「エモーション」です。

　この比較から得られる教訓は、**「エモーションとロジックのどちらかひとつでは不十分」**ということ。聴衆のハートを鷲づかみにしたうえで、彼らに腹落ちさせるためには、エモーションとロジックの両方が必要なのです。

🌱 共感力と説得力を兼ね備えた文章ができる

この教訓は、そのまま文章作成に置き換えられます。

たとえば、あなたがブログに「たくさん『ありがとうを』口にする人は幸せになれる！」という記事を書くとします。

原文1　私は、試しに1日100回以上、「ありがとう」を言うことにしました。

すると、次第に悩みや不安がなくなっていき、幸せな気持ちが芽生えてきたのです。

「ありがとう」のパワーって本当にスゴい！

「へえー、それはスゴい！」と妙に心が揺さぶられます。

しかし、「よし、私も『ありがとう』を言ってみよう！」と思う人は、少ないかもしれません。なぜなら、ロジックが抜け落ちているため、本能的に「眉唾もの」的なとらえ方をしてしまうのです。

原文2　最近の脳科学の研究結果によると、人が口にする言葉は、その人自身の脳の「側座核」に伝わることが分かっています。

しかも、そのとき脳は「人称」や「主語」を認知しないといいます。

つまり、自分が他人に「ありがとう」と言った場合でも、他人から「ありがとう」と言われたときと同じ効果が得られるのです。

学術的な根拠が示されているため、「そうなのか！」と納得させ

られます。一方で、ワクワクさせられる文章かというと、そうでもありません。エモーションが抜け落ちているせいです。

　　最近の脳科学の研究結果によると、人が口にする言葉は、その人自身の脳の「側座核」に伝わることがわかっています。
　しかも、そのとき脳は「人称」や「主語」を認知しないといいます。
　つまり、自分が他人に「ありがとう」と言った場合でも、他人から「ありがとう」と言われたときと同じ効果が得られるのです。
　私は、試しに1日100回以上、「ありがとう」を言うことにしました。
　すると、次第に悩みや不安がなくなっていき、幸せな気持ちが芽生えてきたのです。
　「ありがとう」のパワーって本当にスゴい！

原文1（エモーション）と原文2（ロジック）を組み合わせることによって、共感力と説得力を兼ね備えた文章になりました。
　この文章であれば、読者が「よし、私も『ありがとう』を言ってみよう」という気持ちになりやすいはずです。

POINT

エモーションとロジックは双子の兄弟のようなものです。SNSなどで個人的な文章を書くときには、共存を心がけましょう。なお、用件を簡潔に伝える必要がある実務的な文章では、エモーションは控えめにしましょう。

第6章 〈番外編〉▼SNSで使える文章術

56 自問自答しながら書く

🌱 書くべきテーマや内容を次々と棚卸しできる

「何を書けばいいかわからない」という人のなかには、自問自答の意識が欠けている人もいます。

自問自答とは、「自分で問いかけて、自分で答えること」。

文章を書く作業とは――意識する・しないに関わらず――「自分で問いを立てて、その答えを書いていく作業」にほかなりません。

今書いたこの文章も、自問自答を経て紡がれたものです。

以下は、頭のなかで行われた自問自答です。実況中継形式でお届けします。

- ▶**自問**：「何を書けばいいかわからない」という人のなかには、これまで本書で紹介してきた以外にも、何か原因がありそうだよね？
- ▶**自答**：うん、その通り。自問自答の意識が欠けていることも、原因のひとつじゃないかな。

- ▶**自問**：えっ、自問自答って？ どういうこと？
- ▶**自答**：自問自答というのは、その名の通り、「自分に問いを立てて、その質問に答えること」だよ。

▶ **自問**：それはわかっているけど……、それと文章を書く作業がどうつながっているかが、よくわからないなあ。

▶ **自答**：すべての人が、文章を書くときに、頭のなかで自問自答をくり返しているんだ。意識する・しないに関わらずね。

▶ **自問**：そうなの？

▶ **自答**：そうだよ。今から、それを実況中継形式で説明するね。

「文章を書くときに自問自答したことなんて一度もないかも……」という人も、自覚していないだけで、その都度、頭のなかでは自問自答しています。

あるいは、自覚したことがないとしたら、それが「何を書けばいいかわからない」の原因かもしれません。

自問自答を自覚してできるようになると、書くべきテーマや内容が、次々と棚卸しされていきます。

ただし、「自問」するときには、ある意識を強くもつ必要があります。その意識とは——「読者の代わりに自問する」というもの。

つまり、読者が知りたいと思っていること。読者が疑問に思っていること。読者が興味・関心をもっていること。それらを踏まえたうえで問いを立てていくのです。

間違っても、自分の好き勝手に自問してはいけません。

自問は「読者の代役」と肝に銘じておきましょう。読者の質問（＝自問）に答えていけば（その答えを書いていけば）、おのずと読者にとって有益な文章が紡がれていきます。

🌱 的確な答えを出すことで ＝読者によろこばれる「貢献の文章」

　仮に、あなたがブログで「東京駅近くに新たな複合商業施設がオープン」という記事を書くとします。

　この記事を読む人たちは、どんな情報を知りたいでしょうか？

> 【読者が知りたい情報】　オープンはいつ？／アクセスは？／施設の規模は？／どんな商業施設が入るのか（映画館は？　飲食店は？　ショッピング街は？　アミューズメント施設は？）

　これらが、そのまま自問になります。つまり、「オープン日はいつ？」「映画館は入るの？」といった自問を立てればいいのです。

　自問を立てたら、次に、その自問に答えていきます。的確な答えを出すことで（書くことで）、読者によろこばれる「貢献の文章」が紡がれていきます。

　もしも「記事を読んだけど、あまり役に立たなかった」と読者に思われたとしたら、その原因は、以下のいずれかでしょう。

▶ **自問自答を怠った**
▶ **自問の立て方が悪かったか（読者のニーズとズレていた）**
▶ **自答の「答え」が的確ではなかった**

POINT
文章作成は、読者とのコミュニケーションにほかなりません。いつでも読者のニーズを念頭に置いて自問自答しましょう。

57 タイトルに力を注ぐ

🌱 タイトルのパワーはあなどれない

せっかく書いた文章も、タイトルがつまらないと、読んでもらいにくくなります。いつでも簡単に離脱できる（ページを閉じられる）インターネット上では、その傾向はより顕著です。

①クリスマスの出来事
②「天国」から「地獄」へと突き落とされたクリスマス

ふと立ち寄ったブログに、①と②の記事タイトルがあった場合、あなたが読みたくなるのはどちらですか？　おそらく②でしょう。②には、何かおもしろいことが書かれていそうな気がします。

同じ内容の記事でも、タイトル①は記事が読まれず、タイトル②は記事が読まれる。これがタイトルのパワーなのです。

▶雇われサンタが現場放棄⁉
▶5歳の娘がクリスマスイブに下したある決断とは？
▶クリスマスという名の牢獄
▶「赤鼻」ならぬ「赤っ恥」のサンタクロース

いずれも、続きを読みたくなる記事タイトルではないでしょうか。タイトルをつけるときは、読む人の感情を動かすことに注力しま

す。感情が強く動くほど、続きを読まれやすくなるからです。

へえ！ スゴい！ それ、知りたい！ いいね！ 気になる！ おもしろそう！ 役に立ちそう！ 自分に関係する（必要な）ことが書かれていそう！ ホント？ 何それ？ どういうこと？

タイトルを読んだ人が、「！」や「？」を伴った反応を示すようであれば、感情を動かすことに成功している証拠です。

あらゆる形態の文章に通じる

タイトルの重要性は、企画書、メルマガ（件名）、本や冊子、チラシ、張り紙……など、あらゆる形態の文章に共通します。

①動画マーケティング企画
②成約率300％増を実現する15秒動画マーケティング戦略
③駐車禁止のお願い
④子どもたちがケガをします！

同じ内容の企画書でも①よりも②のほうが、同じ忠告の張り紙でも③よりも④のほうが、続き（中身）を読みたくなります。

POINT
ブログタイトルでは「検索エンジン対策」も必要となります。検索されたときにヒットしやすいキーワードをタイトルに盛り込んでおくと閲覧数アップにつながります。

58 ウェブサイトやブログでは、検索キーワードも意識する

文章内に効果的なキーワードを入れていく

ウェブサイトやブログで文章を書くときに、検索からのアクセスを期待している人は、読者のほかに、もうひとつ気にしなければいけないことがあります。それが「検索キーワード」です。

検索エンジンで検索する人は、どんなキーワードを打ち込んで、あなたが運営するページにやってくるでしょうか。あるいは、あなたは、検索窓にどんなキーワードを打ち込む人に、自分のページに来てもらいたいでしょうか。

当然ながら、文章（テキスト）で書かれていない言葉は、検索されようがありません。**検索してもらうためには、ブログであれば、ブログタイトルやブログ説明文、プロフィール文、記事タイトル、記事本文などに、キーワードを盛り込む必要があります。**

たとえば、歯科医でブログを運営している場合、おそらく、診察や治療に来てもらうことが、ブログの目的ではないでしょうか。そうであれば、歯科医院を探している人が検索窓に打ち込むキーワードを予測したうえで、文章を書かなければいけません。

飯田橋　歯医者　虫歯　治療　無痛

上記はキーワードの一例です。その歯科医がインプラントに力を入れているのであれば、以下の①、小児矯正に力を入れているのであれば、以下の②のようなキーワードも有効かもしれません。

①飯田橋　歯医者　インプラント　費用
②飯田橋　歯医者　小児矯正　費用

　あるいは、専門性が高い小児矯正などであれば、近隣だけでなく、遠方からもわざわざ通ってくる人がいるかもしれません。その場合、「飯田橋」だけではなく、「東京」や「東京都新宿区　飯田橋」「東京都　新宿区　千代田区　飯田橋」のようなキーワードも入れておいたほうがいいでしょう。

　歯科医のブログであれば、ほかにもさまざまなキーワードが考えられます（下記は歯科医に関連するキーワード例です）。

歯科　歯科医院　歯科クリニック　虫歯　虫歯治療　レーザー治療　無痛　痛くない　短い期間　治療期間　夜間診療　予約　歯肉炎、歯周病　歯槽膿漏　親知らず　入れ歯　名医　人気　ホワイトニング　差し歯　審美歯科　義歯　口臭　かみ（噛み）合わせ　顎関節症　口内炎　無呼吸症候　いびき　定期健診　優しい　手術

POINT
検索からのアクセスを伸ばすためには、ひと工夫が必要です。検索されそうな（あるいは、検索してもらいたい）キーワードを、あらかじめ棚卸ししておきましょう。

第7章

STEP ❺
完成度をカクダンに高める「磨き上げの技術」

59 情熱で書いて、冷静で直す

🌱「冷静」で文章から余分な「ほてり」を取る

「情熱で書いて、冷静で直す」

これは、私が提唱している文章作成方法です。**書くときは情熱的に一気に書き上げて、書き上げたあとで冷静になって読み返す**、という流れで行ないます。

気持ちを込めて夜に書いたラブレター。
「おおっ、すばらしいラブレターが書けた！」と自画自賛。
ところが、朝、冷静になって読み返すと、顔から火が出るほど恥ずかしくて、そそくさと文章を直しはじめる……。こんな経験をしたことのある人もいるでしょう。

夜：気持ちを込めて文章を書く
朝：冷静に読み返して、文章を直す

この典型的な（？）ラブレターの書き方が、まさしく「情熱で書いて、冷静で直す」です。

情熱的すぎるラブレターを渡そうものなら、相手に「引かれる」のが関の山でしょう。勢い任せに書いた熱すぎる文章は、ときに身勝手な内容になりがちです。「冷静で直す」のは、文章から余分な「ほてり」を取るためです。

「だったら、はじめから冷静に書けばいいのでは？」と思う人もいるかもしれませんが、それでは、冷たく味気ないラブレターになってしまいます。熱量の乏しいラブレターは、それはそれで相手に興味をもってもらえません。

「情熱で書く」と「冷静で直す」は、どちらか一方ではなく、セットで実践するから意味があるのです。

◉「情熱」に含まれる要素
情熱／書き手視点／主観／大胆さ／感情／勢い

◉「冷静」に含まれる要素
冷静／読み手視点／客観／繊細さ／論理／抑制

書く段階で求められるのは熱量の多さです。とにかく気持ちを込めて書きましょう。熱量同様、文量も多めにします（目安は完成形の1.5倍）。「あとで直せば（削れば）OK」と割り切りましょう。

🌱 ツッコミが厳しいほど文章が磨かれる

一方、読み返すときは、どれだけ「書き手」から「読み手」へと意識を切り替えられるかがポイントです。

「これってどういう意味？」「そう言い切れる根拠は？」「論理が飛躍していない？」など、読む人の立場からツッコミを入れていきます。ツッコミが厳しいほど文章が磨かれていきます。

ときどき「冷静で直すと個性が消えるのでは？」と心配する人が

いますが、消えるのは個性ではなく、その人が「個性だと思い込んでいたもの」です。別の言い方をするなら、削られて消える程度のものは個性でも何でもありません。

ご心配なく。「自分の言葉」で書かれてさえいれば、個性が失われることはありません。それどころか、情熱で書いて冷静で直すと、余計なバリが落ちて、書き手の「個性」がより際立つのです。

POINT

プロの作家やライターでも、一発で「うまい文章（＝目的を達成できる文章）を書ける人は多くありません。はじめから完璧を目指すのではなく、読む人の気持ちになって文章を磨き上げる姿勢が大切です。

60 冷静で直すポイント①
「文章ダイエット」でスリムになる

🌱 情熱で書いた文章をどんどん削る

冷静で直すときに心がけたいのが、「文章ダイエット」です。文章ダイエットとは、文章の「ムダ」を削る作業のこと。**伝わる文章を目指して、情熱で書いた文章を削っていきます。**

ムダその1：本筋との関連性が低い情報
ムダその2：重複する情報

原文
> コンセプトに魅力が感じられないため、ひとまずプランを見直します。コンセプトの弱さに気づいたのです。「後悔先に立たず」という格言もあります。少しお時間をいただけますでしょうか。

「コンセプトの弱さに気づいたのです」は、「コンセプトに魅力が感じられない」の言い直しにすぎません。重複する情報です。
また、「『後悔先に立たず』〜」の一文は、総合的に判断して、本筋との関連性が低い情報と言わざるを得ません。

修正文
> コンセプトに魅力が感じられないため、ひとまずプランを見直します。少しお時間をいただけますでしょうか。

原文の冗長さが消えて、原文よりも理解しやすくなりました。

◉ムダその3：くどい言いまわし

原文　　お笑い芸人という職業は、人を笑わすことが仕事だということとだ。

修正文　　お笑い芸人は、人を笑わすのが仕事だ。

「という」「こと」「ということ」などのくどい言いまわしを削ったところ、まどろっこしさが消えました。

ほかにも、以下のような「くどい言いまわし」があります。読み返したときに、つぶせるようにしておきましょう。

×　準備するとします　　　○　準備します

×　私がやるようにします　　○　私がやります

×　〜を基準とするものです　○　〜を基準とします

×　宣言したいと思います　　○　宣言します

◉ムダその4：なくても意味が通じる接続詞

原文①　　彼はとても飽きっぽい性格だ。したがって、習い事も長く続かない。しかし、毎朝の散歩だけは欠かしたことがない。

修正文　　彼はとても飽きっぽい性格だ。習い事も長く続かない。しかし、毎朝の散歩だけは欠かしたことがない。

「したがって」を削ることによって「硬さ」が取れました。

接続詞は文と文をつなぐ重要な役割を担っています。文章を書くときには、接続詞が、よき道案内役となります。

しかし、手当たり次第に接続詞を使うと、ゴツゴツした堅苦しい文章になりがち。なくても意味が通じる場合や、なくすことでリズムが滑らかになる場合は、思い切って削りましょう。

原文②
　　昨日、店長に任命されました。社長の鶴の一声で決まったのだとか。ですから、私に期待してくれているのかもしれません。しかしながら、経営改善は簡単ではありません。だから、まずはコスト管理から見直します。

修正文
　　昨日、店長に任命されました。社長の鶴の一声で決まったのだとか。私に期待してくれているのかもしれません。しかしながら、経営改善は簡単ではありません。まずはコスト管理から見直します。

「ですから」と「だから」を削った修正文のほうが、流れがスムーズで読みやすく感じられます。

多種多様な接続詞のなかでも、**「しかし」「ところが」「だが」「とはいえ」など、話の流れが反転する「逆説の接続詞」は、残しておいたほうがいい接続詞の代表格**です。

一方、削っても意味が通じるケースが多い接続詞には、「だから」「それで」「そして」「それから」などがあります。削ってもOKと判断したときは、「ここまでの道案内、ご苦労さまでした」と感謝の言葉をかけてから、そっと削りましょう。

●ムダその5：二重表現

同じ意味を重ねた「二重表現」も改善します。

【二重表現（一例）】 あとで後悔する ➡ 後悔する　必ず必要だ ➡ 必要だ　各部署ごとに ➡ 部署ごとに　連日暑い日が続く ➡ 暑い日が続く　思いがけないハプニング ➡ 思いがけない出来事／ハプニング　最後の追い込み／最後の切り札 ➡ 追い込み／切り札　まず最初に ➡ まず／最初に　はっきり断言する ➡ 断言する　今の現状 ➡ 現状　日本に来日する ➡ 来日する　後ろへバックする／バックする　色が変色する ➡ 変色する　あらかじめ予約する／予約する　公に公表する ➡ 公表する　頭痛が痛い ➡ 頭痛がする

あなたも「もったいない病」を患ってはいませんか？

文章を削るときに、「苦労して書いたのに〜」「時間をかけたのに〜」「いい話なのに〜」と愚痴りたくなる気持ちはわかります。

しかし、文章は、書き手が費やした時間や労力をひけらかす場ではありません。「もったいないから」という理由で残した文章は、十中八九「読者に無関係」です。文章ダイエット時の「もったいないから残す」はタブーと心得ておきましょう。

POINT

ダラダラと長い文章、野暮ったい文章、くどい文章は、読む人に煙たがれる傾向にあります。文章を削ることに抵抗感がある人もいるかもしれませんが、文章のムダを削るのは「**読む人のため**」と割り切りましょう。

61 冷静で直すポイント②
強制的に文量を削る

🌱 書き手の思い入れが強すぎても伝わらない

「強制的に文量を削る」。これは冷静で直す効果を最大化する方法のひとつです。できれば半分。少なくとも1/3は削ります。

前項で紹介した「文章ダイエット」のノウハウと併用することで、絶大な効果を発揮します。

私は経営者や起業志望者にプロフィールの書き方も指導しています。受講者には必ず「自分のストーリー」を書いてもらうのですが、多くの人が1000文字以上の自伝大作を書き上げます。しかし残念なことに、書き手の思い入れが強すぎて、読む人には伝わりません。

次に私は、書き上げた1000文字を300字でまとめるよう指示します。すると、驚くほど簡潔で理解しやすい文章に変化します。

原文　独立したばかりの頃に、とある出版社のとある優秀な編集者から、メールでとてもきつい言葉をもらったことがある。そこには、私の文章に癖があってあまりよろしくないことや、もっと平易で明快な文章を書かないと読者に伝わらないことなどが、それはもう厳しい口調で書かれていた。突如として、そんな言葉を受けた私は、自分の文章がそんなにダメなものなのか、とショックを受けた。

これは、私自身のプロフィールです。エピソードがダラダラと書かれていて、読む気が損なわれた人もいるでしょう。頭にも入りにくい文章です。このプロフィールを半分ほど削ります。

修正文
独立当初、ある優秀な編集者から「山口さんの文章は癖がありすぎます。もっと平易で明快な文章でないと、読者に伝わりません」と一喝され、「自分の文章はそんなにダメなのか？」とショックを受けた。

こちらが、実際に私の公式サイトに掲載したプロフィール（一部）です。読みやすさの差は歴然ではないでしょうか。

あえて削ることで厳選された情報が残る

文章は長く書けばいいというものではありません。むしろ、短い文章で、どれだけ的確に伝えられるかが勝負です。その勝負に勝つために、この荒療治（強制的に文量を削る方法）が有効なのです。

ご安心ください。部屋の掃除と同じで、人は断捨離するときに、必ず「いらないもの」から捨てていきます。つまり、**あえて「1/3削る」「半分削る」という制限を設けることで、結果的に、選りすぐりの情報だけが残るのです。**

なお、この荒療治は、文章表現を磨くトレーニングにもなります。

文章を大胆に削る作業をくり返すなかで「端的に伝えるためにはどう表現すればいいか？」と思案する機会が増えるからです。

たとえば、３つも４つも修飾語を連ねた冗長な文章やくどくどし

い言いまわしを見つけたときに「もっと簡潔な言葉で言い換えよう」と思わずにはいられなくなります。

「強制的に文量を削る」もまたアンテナ張りの一種です。文章のムダに気づきやすくなるほか、「簡潔に伝わる文章」を書くスキルも磨かれていきます。

POINT

ダラダラと散漫な文章を書いている自覚のある人は、強制的に文量を削るクセをつけてみましょう。読みやすさや伝わりやすさが何倍もアップするはずです。

62 | 冷静で直すポイント③
一文一義を意識する

🌱 情報が頭に入りやすくなる

　ダラダラした文章は、読む人にとって迷惑なもの。冷静で直すときには、「一文一義」を意識して引き締まった文章を目指します。
　一文一義とは、一文（句点＜マル＞で句切られる文章）のなかに、ひとつの情報だけを書く方法です。

原文　カフェ「SKY」のお勧めメニューは、マスターお手製の絶品オムレツで、ランチの時間帯であれば1000円以下で食べられますが、最寄り駅から遠く、チラシの地図もわかりにくいので、道に迷ってしまうかもしれません。

修正文　カフェ「SKY」のお勧めメニューは、マスターお手製の絶品オムレツです。ランチの時間帯であれば1000円以下で食べられます。ただし、最寄りから遠いのが玉にキズ。チラシの地図もわかりにくいので、道に迷ってしまうかもしれません。

　積極的に句点を打って、原文を4分割したのが修正文です。一つひとつの情報が頭に入りやすくなりました。
　句点を打たずにダラダラと書きがちな方、とくに「～が、」「～で、」「～し、」「～ので、」などの接続助詞を使いがちな方は、読み返すときに一文一義をチェックしましょう。

63 冷静で直すポイント④
副詞を乱発しない

「程度」の副詞の多用に注意

　言葉を装飾する副詞は、使いすぎると文章を陳腐にしかねません。なかでも注意したいのが、「程度」を表す副詞です。

【副詞の一例】だいぶ／とても／すごく／たくさん／非常に／もっと／かなり／たいそう／はなはだ／めっきり／極めて／ことのほか／いたく／こよなく／ずいぶん／大変／よほど／めっぽう／誠に／本当に／心から／いやに／よくよく／相当に／はるかに／大層

　すべての副詞が必要ないわけではありませんが、副詞を乱発した文章は、野暮ったくなりがちです。「ずいぶんはっきりと弱点が見えました」よりも、「はっきりと弱点が見えました」と簡略化した文章のほうが読みやすく感じられます。「ずいぶん」は蛇足です。
　また、指示語の使い方にも注意しましょう。指示語とは、「このように～」「それらの～」「あのケースでは～」など、「これ／それ／どれ／あれ」をベースとする「こそあど言葉」のこと。読む人に「『それ』って、どの言葉を指しているの？」と迷わせるような使い方は避けるべきです。
　指示語が指す対象がわかりにくいと感じたときは、指示語を具体的な言葉に置き換えるか、「それを食べる」ではなく、「そのリンゴを食べる」という具合に「指示語＋対象」で表現しましょう。

64 | 冷静で直すポイント⑤
修飾関係を適正化する

🌱 修飾語は、被修飾語の直前に置く

　修飾語と被修飾語の関係が明確でない文章は、誤読を招く恐れがあります。複数の意味にとれる書き方は、避けなければいけません。

①素晴らしい近藤さんの作品です。

②近藤さんの素晴らしい作品です。

　①は「素晴らしい」が「近藤さん」にかかっているようにもとれます。「作品」にかけたいなら、②の並び順にする必要があります。

①いずれ、経年劣化がすすめば、補修を余儀なくされるだろう。

②経年劣化がすすめば、いずれ、補修を余儀なくされるだろう。

　書き手は「いずれ」を「補修を余儀なくされるだろう」にかけたいと考えています。そうだとすると、②の文章がベターです。

　修飾語は、被修飾語の直前に置くのがセオリーです。ひとつの言葉にかかる修飾語が複数あるときは、「どの順番で修飾語を並べれば誤解されにくいか？」と考えなければいけません。

なお、誤読される心配がない場合でも、下記の原則①〜③に従うことで、より読みやすい文章になります。

●原則①：「長い修飾語」は先、「短い修飾語」はあとにする

原文　　美しい掘り出しもののテーブル。

修正文　　掘り出しものの美しいテーブル。

　「美しい」と「掘り出しものの」は、どちらも「テーブル」を修飾しています。「短い修飾語」を先にした原文でも意味は通じますが、「長い修飾語」を先にした修正文のほうが、より読みやすく感じられます（理解もしやすいです）。

●原則②：「節」を先にして、「句」をあとにする
　「節」とは「1個以上の述語を含む複文」のことで、「句」とは「述語を含まない文節＝文の最小単位」のことです。

原文　　誠実な、メンバーを大切にする団体です。

修正文　　メンバーを大切にする誠実な団体です。

　「メンバーを大切にする」（節）と「誠実な」（句）は、どちらも「団体」にかかる修飾語です。ところが原文では、「誠実な」が、どの言葉を修飾しているのかがはっきりしません。「句」より「節」を先にした修正文であれば、すんなりと意味が頭に入ります。

●原則③：「大きな状況」を先にして、「小さな状況」をあとにする

　複数の修飾語に「状況の差」がある場合は、その差に応じて、「大きな状況→小さな状況」の順番で並べ変えを行ないます。

原文　　改善プランのデータを取る目的で、Ａプロジェクトの視察団が、意気揚々と、去る９月に現地入りした。

修正文　　去る９月、Ａプロジェクトのリーダー率いる視察団が、改善プランのデータを取る目的で、意気揚々と現地入りした。

「現地入りした」にかかる修飾語は以下の４つです。

- **改善プランのデータを取る目的で**
- **Ａプロジェクトの視察団が**
- **意気揚々と**
- **去る９月に**

（原則①、②に従ってはいるものの）原文は、お世辞にも読みやすいとはいえません。「大きい状況」から順に修飾語を並べた修正文のほうが、圧倒的に読みやすく、状況も把握しやすいです。

POINT

どんなときでも、寄り添うべきは、文章を読む人の心情です。修飾語の並び順を替えることで、少しでも「読みやすくなる」「理解しやすくなる」というケースでは、原則に縛られる必要はありません。

65 | 冷静で直すポイント⑥
読点（テン）を正しく打つ

🌱 読点は意味に応じて打つ

読み返すときには、読点（テン）の打ち方にも注意を払います。

佐藤社長は日本の未来のために働く女性を応援しています。

「日本の未来のために」何かをしているのは佐藤社長？　それとも働く女性？　読点が打たれていないため、はっきりしません。

【佐藤社長の場合】
　佐藤社長は日本の未来のために、働く女性を応援しています。
【鈴木さんの場合】
　佐藤社長は、日本の未来のために働く女性を応援しています。

　これらの文章であれば、状況が飲み込めます。
　ときどき耳にする「テンは息継ぎをするように打て」という助言は、乱暴と言わざるを得ません。読点は意味に応じて打つものです。
　なお、「読点は意味に応じて打つ」という基本を押さえたうえで、下記①〜⑨の読点の打ち方も活用しましょう。

①長い主語のあとに打つ
　川崎市にあるA社の工場が、今月で閉鎖となる。

②**冒頭にくる接続詞や副詞のあとに打つ**

ところが、予定の時間を過ぎても彼は現れなかった。

③**逆説の助詞のあとに打つ**

たくさん種を蒔いたが、芽は出なかった。

④**複数の情報を並べるときに打つ**

自信を失い、将来を嘆き、他人を責める。そんな3年間だった。
／練習に打ち込める環境と、具体的なアドバイスがほしい。

⑤**条件や限定を示す語句のあとに打つ**

帰国していれば、会議に出席します。／台風が来たら、中止にする。

⑥**時間や場面が変わるところに打つ**

強く主張したところ、相手の顔色が急に青ざめた。

⑦**カギ括弧の代わりに打つ**

感情のコントロールが重要だ、と師匠は言う。

⑧**感嘆詞や応答のあとに打つ**

おっ、まさかの当選か？／はい、了解しました。

⑨**ひらがな（カタカナ／漢字）が続いて読みにくいときに打つ**

明日こそ、その商品を～／明日、入社1年目の～

66 冷静で直すポイント⑦
語尾に変化をつける

🌱 語尾の連続は2回まで

　同じ語尾が続くと、文章が一本調子になりがちです。とくに明確な狙いがないケースでは、語尾の連続は2回までに押さえたほうが賢明です。冷静で直すときに、よくチェックしましょう。

　下の娘が作ってくれた晩ごはんです。私と夫の大好物のパエリアです。想像以上においしかったです。

　語尾に「です」が3回続いています。単調なうえに稚拙な印象を受けます。

　下の娘が作ってくれた晩ごはんです。私と夫の大好物のパエリア。想像以上のおいしさでした。

　「体言止め」を使うなど語尾に変化をつけることで、文章にリズムとメリハリが生まれました。稚拙な印象も受けません。

原文　　日本の武器はチームプレーだ。もともと組織的な動きを得意としているのが日本人だ。全員がチームプレーに徹すれば、勝利を引き寄せることができるのだ。

語尾に「だ」が3回続いているため、残念ながら一本調子な印象を受けます。

修正文　日本の武器はチームプレーだ。もともと日本人は組織的な動きを得意にしている。全員がチームプレーに徹すれば、勝利を引き寄せることができる。

このように、主語を入れ替えることでも、語尾に変化をつけることができます。

「です・ます調」よりも 「だ・である調」のほうが自由度が高い

なお、「です・ます調」の場合、「だ・である調」に比べて、語尾に変化をつけにくいという弱点があります。「～です」「～しょう」「～ます」「～せん」「～ください」などを上手に使い回さなければいけません。ちなみに、本書は「です・ます調」で書いています。

一方、「だ・である調」は、語尾のバリエーションに富んでいます。「～だ」「～である」「～といえる」「～といえよう」「～だった」「～ない」「～できる」「～らしい」……など。バリエーションの自由度は「です・ます調」よりも、はるかに高いといえます。

もっとも、言葉をたたみかけたいときや、こってりと気持ちを伝えたいときなどに、あえて同じ語尾を続けるケースもあります。「それが愛だ、それが幸せだ、それが人生だ」——という具合です。たかが語尾、されど語尾。「選び方も重要」と心得ておきましょう。

67 冷静で直すポイント⑧
漢字とひらがなの割合は３：７

🌱 ひらがなが増えている

漢字とひらがなには、それぞれ特徴・印象があります。

【漢字】 硬い、重い、仰々しい、ゴツゴツ
【ひらがな】 軟らかい、軽い、親しみやすい、ふわふわ

では、両者の理想的な割合はどれくらいなのでしょうか？ 私の肌感覚では「漢字３：ひらがな７」が理想です。
とくに最近では、雑誌や書籍などのメディアでも、以前に比べて漢字の量が減り、ひらがなの量が増えました。

原文｜昨今話題の映画を観賞しに行きました。最初は捻くれていた主人公が驚く程の速度で大人に成って行く。その姿が余りに逞しく、落涙を禁じえませんでした。

修正文｜近ごろ話題の映画を観に行きました。はじめはひねくれていた主人公が驚くほどのはやさで大人になっていく。その姿があまりにたくましく、涙を流さずにはいられませんでした。

漢字が少ない修正文のほうが読みやすく感じられます。
「昨今」「捻くれ」「程」「成って」「行く」「余りに」「逞しく」な

ど、堅苦しい印象の漢字（とくに副詞、形容詞、補助動詞など）を
ひらがなにするほか、「観賞しに」「最初は」「速度で」など熟語を
使った表現は、より平易な表現に変更しました。

また、「昨今→近ごろ」「落涙を禁じえませんでした→涙を流さず
にはいられませんでした」という具合に、漢字を伴った難しい言い
まわしについても、わかりやすい表現に言い換えました。

なお、「熟語動詞＜名詞＋する＞」の乱発もお勧めできません。

【熟語動詞の言い換え】 低下する ➡ 下がる　　雇用する ➡ 雇う
軽減する ➡ 軽くする　　決定する ➡ 決める　　開催する ➡ 開く
活用する ➡ 使う　　　　確認する ➡ 確かめる　行使する ➡ 使う
分割する ➡ 分ける　　　考察する ➡ 考える　　激励する ➡ 励ます
援助する ➡ 助ける　　　拡張する ➡ 広げる　　起床する ➡ 起きる
比較する ➡ 比べる　　　接続する ➡ つなぐ　　作成する ➡ 作る

接続詞も、ひらがな表記を心がけたほうが賢明です。

【接続詞はひらがなで書く】 但し ➡ ただし　　　然し ➡ しかし
並びに ➡ ならびに　　　又は ➡ または　　　　即ち ➡ すなわち
従って ➡ したがって　　因みに ➡ ちなみに　　尚 ➡ なお

POINT

もっとも、「漢字３：ひらがな７」は目安にすぎません。た
とえば、読者が年配のインテリであれば、漢字の量を少し増
やすなど、状況に応じて割合を調整しましょう。

68　冷静で直すポイント⑨
読みやすい見た目にする

🌱「黒っぽい文章」は嫌われる

　いくら文章の中身がすばらしくても、文章の見た目が疎かになっているようでは、「うまい文章」の仲間入りはできません。

　あなたは、以下のAとBのどちらの文章を読みたいですか？

表7-1　Aの文章

人から何かしらの文章作成を頼まれたとき、
依頼主にまず確認しなければいけないことは何でしょう？

それは「目的」です。

「この文章を書く目的は何ですか？」

依頼主にそう質問しなければいけません。

どんな文章にも必ず目的があります。

目的によって、文章の何が変わるのでしょう？

- 盛り込む情報
- 切り口
- 展開
- 表現・言いまわし
- 着地点

目的次第で「文章の書き方のすべてが変わる」

と言ってもいいでしょう。

人から頼まれた文章に限りません。

もしも依頼主がいない文章であれば、
自分自身に問いかける必要があります。

「この文章を書く目的は何ですか？」と。

表7-2 Bの文章

人から何かしらの文章作成を頼まれたとき、依頼主にまず確認しなければいけないことは何でしょう？　それは「目的」です。「この文章を書く目的は何ですか？」依頼主にそう質問しなければいけません。どんな文章にも必ず目的があります。目的によって、文章の何が変わるのでしょう？
●盛り込む情報●切り口●展開●表現・言いまわし●着地点
目的次第で「文章の書き方のすべてが変わる」と言ってもいいでしょう。人から頼まれた文章に限りません。もしも依頼主がいない文章であれば、自分自身に問いかける必要があります。「この文章を書く目的は何ですか？」と。

　Aに軍配を上げる人がほとんどでしょう。実は、このAとBは、同じブログの記事です。内容や文章が同じにも関わらず、かたや「読みたい」と感じ、かたや「読みたくない」と感じる。良くも悪くも、これが「見た目」の現実なのです。
　では、Bと比べて、Aはどこが優れているのでしょうか？

①1行の文字数が少ない（長くて30文字程度）
　人間の目線は横移動が苦手といわれています。つまり、横に長い文章は読みにくいのです。掲載する媒体にもよりますが、改行の目

安は1行30文字程度。改行は、句点（マル）や読点（テン）など区切りのいいところで行ないましょう。

②空白の行が多い（文章が「白っぽい」）

読者のなかには「視覚的なかたまり」として文章を把握して、重要なポイントを拾い上げていく人もいます。こうした拾い読みをしやすいのが、空白の行を多用した「白っぽい」書き方（A）です。

一方、空白がほとんどなく「黒っぽい」印象を与える書き方（B）では、拾い読みはおろか、そもそも「読みたい」という気持ちにもなりません。「黒っぽい文章＝圧迫感」です。

🌱 文章も見た目が9割

以前、『人は見た目が9割』（新潮社）という本がヒットしましたが、文章にも似たようなことがいえます。中身うんぬん以前に、見た目が悪ければ、「読まれる」というスタートラインにすら立てないのです。

パッと見た瞬間に「圧迫感がある」「疲れそう」「読みたくない」と思われた時点で、その文章が読まれる確率は一気に下がります。

すべての読者が「読まない」という切り札を握っています。しかも彼らは、その切り札を驚くほど簡単に使ってきます。その厳しい現実をどうか忘れないでください。

POINT

冷静で直すときには、できれば「読みたい」、最低でも「読んでもいい」と思ってもらえる「見た目」に整えましょう。

69 「読み手の意識」を手に入れる4つのコツ

🌱 「書き手」から「読み手」へと意識を切り替える

　読み返すときに「書き手」から「読み手」へと意識を切り替えるのが難しい……という人のために、意識を切り替える4つの方法をお伝えします。

①時間を空ける

　シンプルですが、極めて有効な方法です。1日、1週間、1か月という具合に、時間を空ければ空けるほど、新鮮な気持ちで自分が書いた文章と向き合うことができます。

　もっとも、現実問題として、そんなに時間をかけられないケースがほとんどでしょう。そういうときは、1時間、いえ、30分でも構いません。たとえば、「午前中に書いた文章を、ランチを挟んで見直す」という具合です。30分ですら時間がない場合は、「一度トイレなどに立ち、デスクに戻ってきてから読む」でも構いません。

②印刷して読む

　文章を印刷すると、「書き手」から「読み手」へと気持ちが一気に切り替わります。すると、誤字脱字をはじめ、「文体が硬い」「流れが悪い」「説明が足りない」などの不備に気づきやすくなります。

　2度、3度と読み直す時間があるときは、印刷時にフォント（書体）を変化させてもいいでしょう。より新鮮な気持ちで、自分が書

いた文章と向き合えるはずです。

とはいえ、すべての文章を印刷しては時間もお金もかかります（資源もムダです）。「これは！」という勝負文章で活用しましょう。

③音読する

音読は、黙読よりも時間がかかります。その分、誤字脱字やリズムの悪さ、不適切な言葉など、細かい点に注意が行き届きやすくなります。スムーズに読めて、なおかつ納得できる内容であれば合格ですが、（悪い意味で）引っかかりを感じるときは、文章が「読みにくい」「意味が不明」「納得できない」——などの改善シグナルを発している証拠です。シグナルに応じて、文章を改善しましょう。

④他人に読んでもらう

文章を読んでくれる人が周りにいるときは、積極的に読んでもらいましょう。なぜなら、「他人のことはよく見えて、自分のことはよく見えない」のが人間だからです。文章の書き手が、なかなか「読む人の気持ち」になりきれないのも、そのためです。

他人が書いた文章であれば、アラや不備がよく見えます。正直な人であれば「ここの意味がわからない」「ここの言葉を○○に変えたら？」など、具体的なアドバイスをしてくれるはずです。

「うまい文章」を目指すなら、照れやプライドは禁物です。信頼できる人に、文章の目的を伝えたうえで「おかしなところがないか、率直な意見をもらえますか？」とお願いしてみましょう。第三者の目が入ることによって、文章力は急速に磨かれていきます。

▶悩みその1：何を書けばいいかわからない
▶悩みその2：文章がうまく書けない

　2つの悩みにサヨナラできたでしょうか？
　サヨナラできた、と私は確信しています。
　なぜなら、本書を読んだあなたは、「アンテナを張る」重要性を知ってしまったからです。「読者に貢献する」ことの大切さを知ってしまったからです。それどころか、すでにアンテナを使って有益な情報をぐいぐいと引き寄せている人、読者によろこばれる「貢献の文章」を書いている人もいるでしょう（その調子です！）。
　この先、再び、文章作成で悩みを抱えてしまったときは、遠慮なく本書を読み返してください。大丈夫。本書は、万が一のときのためのエマージェンシー機能も備えています。自分がどんな悩み解決したいのか、しっかりとアンテナを張って（！）ページをめくれば、そのときに必要な解決策が必ずや見つかるはずです。

　的確なアドバイスで本書を刊行へと導いてくれた日本実業出版社編集部のみなさんに心より感謝申し上げます。また、親愛なる家族（妻の朋子＆娘の桃果）にも「ありがとう」を言わせてください。

　最後に読者の皆さんへ。この本は私からあなたへの贈り物です。お返しは、あなたの「とびきりうまい文章」でお願いします。

伝える力【話す・書く】研究所所長　山口拓朗

山口 拓朗（やまぐち　たくろう）

伝える力【話す・書く】研究所所長
出版社で雑誌記者を務めたのち、2002年にフリーライターとして独
立。20年間で2,400件以上の取材・執筆歴をもつ。現在は執筆活動に
加え、講演や研修を通じて「伝わる文章の書き方」「ウェブ＆ブログの
書き方」「売れる文章＆コピーの作り方」「好意と信頼を獲得するメ
ール文章」等の実践的ノウハウを提供。モットーは「伝わらない悲劇
から抜けだそう!」。『書かずに文章がうまくなるトレーニング』（サンマ
ーク出版）、『伝わる文章が「速く」「思い通り」に書ける87の法則』
（明日香出版社）など著書多数。

■山口拓朗公式サイト　http://yamaguchi-takuro.com/

何を書けばいいかわからない人のための
「うまく」「はやく」書ける文章術

2016年 4 月 1 日　初 版 発 行
2016年10月 1 日　第 3 刷発行

著　者　山口拓朗　©T.Yamaguchi 2016
発行者　吉田啓二

発行所　株式会社日本実業出版社　東京都新宿区市谷本村町 3 - 29 〒162-0845
　　　　　　　　　　　　　　　　大阪市北区西天満 6 - 8 - 1 〒530-0047
　　　　編集部 ☎03 - 3268 - 5651　振　替　00170 - 1 - 25349
　　　　営業部 ☎03 - 3268 - 5161　http://www.njg.co.jp/

　　　　　　　　　　　印刷／厚徳社　　製本／共栄社

この本の内容についてのお問合せは、書面かFAX（03 - 3268 - 0832）にてお願い致します。
落丁・乱丁本は、送料小社負担にて、お取り替え致します。

ISBN 978-4-534-05375-6　Printed in JAPAN

ライティングの基本を身につける本

簡単だけど、だれも教えてくれない77のテクニック
文章力の基本

阿部紘久著
定価本体1300円(税別)

「ムダなく、短く、スッキリ」書いて、「誤解なく、正確に、スラスラ」伝わる文章力77のテクニック。多くの文章指導により蓄積された豊富な事例をもとにした「例文→改善案」を用いながら、難しい文法用語を使わずに解説。即効性のある実践的な内容。

大切だけど、だれも教えてくれない77のルール
メール文章力の基本

藤田英時著
定価本体1300円(税別)

いつも使うけど、きちんと教わることのなかった「恥ずかしくないメールの書き方、送り方」。「メールは1往復半で終える」「用件が2つあるなら件名も2つ」など仕事ができる人がやっている、短く、わかりやすく、見やすいメール、77のルールを紹介します。

ひと言で気持ちをとらえて、離さない77のテクニック
キャッチコピー力の基本

川上徹也著
定価本体1300円(税別)

仕事で一番必要なのに、誰も教えてくれなかった「言葉の選び方、磨き方、使い方」を、わかりやすく解説します。名作コピーを中心にした「普通→見 本」のフォーマットによって、「刺さる、つかむ、心に残る」コピーのつくり方が身につきます。

定価変更の場合はご了承ください。